Hannah Knies

Gelebtes Erwachen

Für mehr Leichtigkeit im Alltag

Smaragd Verlag

Bitte fordern Sie unser kostenloses Verlagsverzeichnis an:

Smaragd Verlag e.K.
Neuwieder Straße 2
D-56269 Dierdorf
Tel.: 02689-92259-10
Fax: 02689-92259-20
E-Mail: info@smaragd-verlag.de
www.smaragd-verlag.de

Oder besuchen Sie uns im Internet unter der obigen Adresse und
melden Sie sich für unseren Newsletter an.

© Smaragd Verlag, 56269 Dierdorf
Erste Auflage: Januar 2016
© Cover: flas100 - fotolia.com
Umschlaggestaltung: preData
Satz: preData
Printed in Czech Republic
ISBN 978-3-95531-128-5

Inhalt

Vowort 7

- Gelebtes Erwachen (Elohim) 9
- Gelebtes Erwachen im Alltag (Elohim) 15
  - Beim Einkaufen.. 15
  - Erschaffen von Realitäten als Alltagshilfe 18
- Dein göttliches Höheres Sein integrieren (Kryon) 24
- Dein Umfeld und du (Metatron, Kryon, Anafiel) 30
- Gelebte Liebes- und Lebenskraft
  (El Morya, St. Germain) 36
- Gaia und ihr Team (Kryon) 48
- Gelebte Liebeskraft in der Verbindung mit
  dem Vielen (Mutter Maria) 59
- Das Leben leben, das du wirklich zu leben
  geboren ist (Kryon) 70
- Geheiligte Manifestationen
  (Metatron, Michael, Kryon) 82
- Zeit (Kryon) 95
- Musik in deinen Ohren, Musik in dir (Geronimo) 105
- Gaia spricht 116
- Der Anfang (Hoher Rat von Sirius) 124

Über die Autorin... 128

Vorwort

Liebe Leserinnen und Leser,

das Jahr 2012 ist Geschichte, und wir sind noch da. Geschafft! Jetzt geht es weiter – bloß wie? Worauf kommt es jetzt an? Wie können wir uns das Leben in dieser aufwühlenden Zeit voller Umwälzungen leichter machen?

Dieses Buch ist eine spannende Lektüre, wenn du einfach nur mehr erfahren willst über diese „Neue Zeit" und das, was jetzt möglich ist. Es ist aber auch bis obenhin angefüllt mit Tipps und Übungen, die du direkt umsetzen und anwenden kannst. Ganz leicht und alltagstauglich. Du nimmst einfach das heraus, was dich gerade interessiert, und arbeitest damit. Den Rest schaust du dir vielleicht erst einmal aus der Ferne an und greifst darauf zurück, wenn es sich für dich gut anfühlt.

Was du hier in Händen hältst, ist eine Werkbank. Oder eine Schatzkiste. Oder ein Medizinschränkchen. Je nachdem, was du gerade brauchst. Du musst weder spirituell vorgebildet sein, noch einer bestimmten Glaubensrichtung folgen, um den Inhalt in Anspruch nehmen zu können. Du bist Mensch, und du bist hier – das reicht völlig aus. Ich bin selbst noch gar nicht so lange spirituell „unterwegs" und weiß daher noch sehr gut, wie es sich anfühlt, mit diesen Dingen das erste Mal in Berührung zu kommen. Alles ist irgendwie „spooky" und schwer zu greifen, und deshalb soll es hier einfach sein. Das habe ich mir von meiner geistigen

„Family" ausdrücklich gewünscht. Denn das hier habe nicht ich geschrieben – auch wenn mein Name auf dem Umschlag steht und ich am Laptop gesessen und getippt habe –, sondern viele meiner geistigen Freunde haben sich zusammengetan und mir Kapitel für Kapitel in die Hände diktiert. Das Ergebnis liegt nun vor dir.

Wie ist das mit diesen Botschaften von „da oben"? Neben dem gedruckten Text kommt immer auch viel liebevolle und direkt spürbare Energie mit. Wundere dich also nicht, wenn dieses Buch schon beim Lesen der ersten Zeilen etwas mit dir macht, du vielleicht ein Kribbeln spürst, eine Wärme, eine liebevolle Präsenz... Das sind die „Autoren", die in jede Zeile, in jedes Wort kleine Energiepakete eingewebt haben, die sich sozusagen öffnen, wenn du sie liest. Ganz einfach und ohne ein Zutun deinerseits. Absolut wohlwollend und wohltuend. Und auch mit einer gehörigen Portion Humor und Augenzwinkern. Aber das wirst du selbst feststellen, wenn du anfängst zu lesen.

So bleibt mir nur, mich für deine Neugier und deinen Mut zu bedanken und dir viel Spaß, viele Aha-Erlebnisse und tiefes Eintauchen zu wünschen. Genieße dieses Geschenk, das du dir gemacht hast, koste es aus. Und wenn du magst, schreibe mir. Ich freue mich über jeden Erfahrungsbericht!

Alles Liebe und eine spannende Reise wünscht dir

Hannah Knies

Gelebtes Erwachen (Elohim)

Es grüßen euch die ELOHIM vom Goldenen Strahl, und wir bringen viel Liebe mit von dort, wo wir herkommen. Es gibt einiges zu erzählen, zu berichten, und wir könnten uns ausschweifend darüber ergehen, wie besonders diese Zeit ist, und welches Glück ihr habt, hier zu sein – aber das habt ihr alle schon zur Genüge gehört, nicht wahr? Ihr wisst es, ahnt es, habt es zum Teil bereits verstanden. Und so soll es hier nicht darum gehen, Zeitqualitäten und ihre Hintergründe zu beschreiben, zumindest nicht hauptsächlich.

Was ihr braucht, sind praktische Handlungsanweisungen für alle Lebensbereiche. Teilweise konkreter, als ihr erwartet hättet. Ja, wir können das. Wir sehen euch in der Gänze eurer Göttlichkeit und in allen Belangen, die euch umtreiben und euer tägliches Leben und Sein formen und beeinflussen.

Die Unterweisung beginnt JETZT. Also lehnt euch entspannt zurück, macht es euch gemütlich und lauscht unseren weisen Worten. Wir sprechen voller Liebe zu euch und wünschen uns nichts mehr, als dass ihr erkennt, dass alles gut ist, wie es ist. Doch dazu benötigt ihr ein paar Werkzeuge, helfende Hände sozusagen, die euch halten, wenn ihr über eure täglichen Stolpersteine klettert. Und genauso soll es sein für euch, wenn wir jetzt beginnen, euch zu unterrichten.

Ihr beginnt, aus einem langen, tiefen Schlaf zu erwachen. „Ach, darum sind wir so müde", mag jetzt der eine oder andere von euch einwerfen. Nun ja, im Grunde habt ihr Recht. Nur kommt eure Müdigkeit weniger vom Erweckungsprozess, sondern vielmehr von den Dingen, die geschehen, weil ihr erwacht seid. Als Folge, nicht als Konstrukt an sich. Müdigkeit ist für viele von euch ein großes und gewichtiges Thema. Schlaf – Ah, allein das Wort lässt eure Gliedmaßen und Augenlider schwer werden, nicht wahr?

Zum einen ist es so, dass zu den altenergetischen Konstrukten auch gehörte, Schlaf zu begrenzen und zu limitieren. Warum war das so? Klare Antwort: So hieltet ihr euch von eurer Göttlichkeit fern, und das mehr oder weniger bewusst. „Das ist doch total verrückt!", hören wir euch rufen, und das mag euch auch so scheinen, doch lasst uns tiefer blicken. Wir lüften den Schleier und lassen euch einen Blick hinter die Kulissen erhaschen, damit ihr versteht. Es war eure Absicht, in diesem Konstrukt aus drei Dimensionen, auf diesem Planeten, der euch alle hält, Erfahrungen zu sammeln. Dazu mussten gewisse Voraussetzungen erfüllt sein. Und dieser „Sicherheitsabstand" zu eurer wahren Macht und Größe gehörte für viele Leben und Existenzen dazu. Wie funktionierte das nun genau?

Schlaf ist göttlich, ist Verbindung. Schlaf ist Arbeit auf den unterschiedlichsten Existenzebenen. Die direkten Ausläufer, was ihr tut, wenn ihr schlaft, sind eure Träume. Ihr könnt euch teilweise sogar minutiös daran erinnern, was ihr geträumt, also im Schlaf auf anderen Ebenen getan habt. Ihr lebt im Schlaf eure wahre Macht und Größe, schaut bei eurer geistigen Familie vorbei, erneuert Bündnisse, schließt Verträge, haltet Planeten, erschafft sogar ganze Universen mit. Einige, die diese Zeilen lesen, sind direkt beteiligt, ein Universum zu erschaffen, in dem sie später existieren und wirken werden.

Du weißt JETZT, wenn du dazugehörst. Alles „einfach so" im Schlaf. Diese Traumarbeit, dieses multidimensionale Wirken, wird in eurem Körpersystem und so in euren Zellen, in eurer DNS gespeichert. Das lässt euch stark werden, wachsen und euch die Möglichkeiten auskosten, die euch euer göttlicher Funke bietet. Doch das wolltet ihr über viele Äonen von Existenzen nicht. Ihr hattet den Pakt mit GAIA, auf niedere Schwingungsebenen herunterzutransformieren und so eine Weile zu existieren. Um das erfüllen und leben zu können, war es auch notwendig, euch ein Stück weit vom Schlaf abzuhalten. Das äußerte sich in vielen kulturellen und spirituellen-religiösen-kirchlichen Speicherungen als Sinnbild für Schlaf: „Müßiggang ist aller Laster Anfang", „Der frühe Vogel fängt den Wurm", „Wer schläft, verschläft sein Leben", „Schlafen kann ich, wenn ich tot bin", „Auf der faulen Haut liegen". Schlafende Faulpelze in Märchen, denen es übel ergeht. Gebete zu allen möglichen und unmöglichen Tages- und Nachtzeiten in Klöstern und spirituellen Zentren. Die Industrialisierung mit ihrer Fließbandarbeit, Wechselschichtsystemen und Nachtschichten. Ultrapräzise Atomuhren, die euch mahnten, dass jede Sekunde kostbar ist und zählt.

Erinnert ihr euch an die grauen Herren aus der Geschichte „Momo"? Geschrieben von einer sehr weisen Seele, die euch so ein Synonym, eine wunderbare Metapher für die Sinnlosigkeit des Zeit-Sparens gab. Des Sich-vom-Schlaf-Abhaltens. Abstand zur Göttlichkeit. Wir sehen, ihr versteht.

Nun erwacht ihr also und verringert so den Abstand zu eurem wahren Sein. Und was geschieht? Ihr werdet müde. So unendlich müde. Immer wieder und sehr oft. Aber was glaubt ihr denn, was sonst passieren sollte? Ihr habt so lange nicht geschlafen, und eure Körpersysteme lechzen danach, tief und erholsam zu schlafen, um alles erledigen zu können, was an Transformationsarbeit, Kalibrierung, Vorbereitung und Einstimmung, Konstruktion und Destruktion auf allen Ebenen zu erledigen ist. Schlaf ist so wichtig, gerade jetzt, in dieser Zeit, in der ihr alle noch in diesem, sich ein letztes Mal aufbäumenden, um sich schlagenden, altenergetischen Konstrukt lebt. Und doch spürt ihr und begreift, was möglich ist, und deshalb ist es so wichtig, ausreichend zu schlafen. Ihr habt den Spagat gewagt, und ihr haltet ihn. Sorgt gut für euch, indem ihr euch den Ausgleich schafft und schlaft.

Ihr werdet feststellen, dass, wenn ihr dem Bedürfnis einmal konsequent nachgebt, ihr gar nicht so lange schlafen müsst. Es mag sich für euch anfühlen, als wärt ihr zum Umfallen müde und würdet für Stunden, Tage, Wochen schlafen, wenn ihr nur erst die Augen zumacht –, und dann stellt ihr fest, dass ihr nach zwanzig irdischen Minuten erwacht und frisch und ausgeruht seid.

Vertraut ihr uns? Wollt ihr es einmal ausprobieren? Wir haben jetzt so viel über Schlaf gesprochen und blicken in eine gähnende Runde mit müden Gesichtern. (Schmunzeln) So lasst uns schlafen. Kurz und erholsam.

Lege dafür JETZT die Hand auf dein Herz, schließe die Augen und lass dich hinwegtragen... Sei versichert, dass wir dich wecken werden und du nach wenigen Minuten wieder erwachst, frisch und ausgeruht. Nimm dir JETZT die Zeit dafür.

Einige von euch mussten gerade das Buch vom Boden auflesen, weil es ihnen im Schlaf aus der Hand gerutscht ist. Wie geht es dir jetzt? Wie fühlst du dich? Hängt die Schwere noch in den Knochen, oder sind Leichtigkeit und Frieden eingekehrt? Ein schönes Gefühl, nicht wahr?

Und so lautet die erste Quintessenz unserer Unterweisung in diesem Kapitel: Schlafe. Gib diesem Bedürfnis nach, wann immer es nötig und dir möglich ist. Nähere dich so ein Stück deiner Göttlichkeit und lebe, was und wer du wirklich bist. Sei liebevoll mit dir und schlafe.

Anmerkung der Autorin:

Als ich anfing, mich mit dem Thema des ausreichenden Schlafes zu befassen, fiel es mir offen gestanden sehr schwer, mich darauf einzulassen und meinem Bedürfnis nach Schlaf konsequent nachzugeben. Ich komme aus einer Arbeitswelt, in der man nicht einfach den Kopf auf die Tischplatte legen kann, um kurz zu ruhen. Und doch wäre es so wichtig, dass das möglich ist, denn ich habe genau die Erfahrung gemacht, die eben beschrieben wurde: Je konsequenter ich meinem Schlafbedürfnis nachging, desto weniger irdische Zeit brauchte es, bis ich wieder wach war und mich erholt und frisch fühlte.

Jede Schlafsequenz empfinde ich mittlerweile als kleine Heilsitzung, in der gerade abgeschlossene Lebens- oder Erkenntnisabschnitte abgerundet werden, sich neue Ideen und Impulse formen oder ich mit Kraft versorgt werde, die ich für den nächsten Schritt brauche, der ansteht. Mittlerweile bin ich tief und fest mit meinem Höheren Selbst verbunden und spüre über diese Verbindung genau, wann es Zeit ist, kurz zu ruhen.

Es ist wirklich eine heilsame Sache, zu schlafen. Ich kann es nur jedem wärmstens empfehlen.

Gelebtes Erwachen im Alltag (Elohim)

Wir sind die ELOHIM vom Goldenen Strahl. An dieser Stelle soll Anafiel für uns sprechen.

Ich bin ANAFIEL und begleitete viele von euch über lange Zeiten. Ich kenne euch gut und freue mich, nun zu dieser Runde sprechen zu können. In dieser Zeit des Erwachens gibt es viele Dinge, die man beachten und mit denen man sich beschäftigen kann. In diesem Kapitel soll es um ganz praktische Dinge gehen, mit denen ihr euer Leben erleichtern und spielerischer gestalten könnt. Dabei geht es nicht darum, in Albernheiten abzudriften oder vor lauter Spiel aus dem Fokus zu geraten. Nein, vielmehr geht es darum, in Leichtigkeit und Freude zu erkennen und anzunehmen, wozu ihr göttliche Wesen bereits in der Lage seid. Jetzt und ganz konkret.

Beim Einkaufen

Erwachen bedeutet „gelebte Göttlichkeit". Greifbar und erlebbar könnt ihr in eurem dreidimensionalen Leben bereits multidimensionale Werkzeuge benutzen und so den Alltag leichter und spielerischer erleben.

Ein Beispiel:
Ihr steht im Supermarkt und habt den Einkaufszettel vergessen. Zu Hause wartet die hungrige Familie, und ihr wisst, dass ihr nur jetzt die Gelegenheit zum Einkaufen habt. Was

tut ihr? Nun, ihr könntet die Ratio einschalten, das Großhirn aktivieren, alle eure Zellen anspannen und mit Logik und „gesundem Menschenverstand" konstruieren, was ihr brauchen könntet. Warum fragt ihr nicht uns? Unsere Partnerin, durch die wir hier sprechen, hat irgendwann damit begonnen, sich durch den Supermarkt „schubsen" zu lassen, um bestimmte Dinge leichter zu finden.

Vor allem, wenn ihr in einer Einkaufsgelegenheit unterwegs seid, die ihr noch nicht kennt, habt ihr Menschen Schwierigkeiten, euch zu orientieren und geratet unter Stress, wenn die Dinge nicht dort zu finden sind, wo ihr sie erwartet. Nun, unsere Partnerin löste das Problem für sich so, dass sie eines schönen Tages einfach mitten im Gang stehenblieb und dachte (und damit hatte sie dieses Gebet schon an uns abgegeben): „Warum lasse ich mich von meinen geistigen Begleitern nicht einfach dorthin führen, wo ich finde, was ich gerade suche?" Es ging um Desinfektionstücher. Und schwupp: Sie spürte unsere Präsenz, und wir schickten sie langsam und behutsam auf die Reise durch die Gänge. Für sie war körperlich ein sanftes Schieben und Ziehen spürbar, sodass sie wusste, in welche Richtung sie laufen sollte. Keine dreißig irdischen Sekunden später stand sie vor dem Regal an der Stelle, wo die Tücher deponiert waren, die sie kaufen wollte. Diese Begebenheit als Beispiel.

Eine andere Möglichkeit ist folgende: Fragt doch einfach mal bei uns nach, wenn ihr bestimmte Dinge kaufen wollt und nicht sicher seid, ob der Supermarkt eures Vertrauens sie im Sortiment hat. Unsere Partnerin tat es – natürlich nicht, ohne zuerst den Kopf einzuschalten und zu zweifeln, als wir ihr mitteilten, was sie suche, sei ausverkauft und an diesem Tag nicht zu erwerben. Sie ging trotzdem los und kam mit leeren Händen nach Hause. Mittlerweile gibt sie mehr auf unsere Worte. (Schmunzeln).

Eine dritte Möglichkeit löst euer Einkaufzettel-Problem. Wie wäre es, es völlig der Weisheit der Geistigen Welt zu überlassen, was ihr benötigt? Wenn ihr also ohne Zettel im Supermarkt steht, fragt uns doch einfach, was ihr braucht. Wir werden es euch mitteilen, und ihr könnt erkennen, wie nahe wir euch und eurem Leben sind. Eine wunderbare Möglichkeit, die euch noch näher in das Gespür eurer Göttlichkeit und Weisheit bringt, ist, alle diese Fragen und Aufgaben eurem Höheren Sein, eurem Höheren Selbst zu überlassen. Viele von euch sind so weit, es zu nutzen, doch einige von euch möchten lieber mit Engeln, geistigen Wesenheiten und Präsenzen kommunizieren und so ihre Göttlichkeit erfahren. Tut es so, wie es sich für euch am besten anfühlt.

Wenn ihr mit der Geistigen Welt Kontakt aufnehmen wollt, tut es einfach. Denkt an uns. Ihr müsst keine Namen nennen. Wir begleiten euch auf Schritt und Tritt und wissen, wer von uns für eure Gebete der richtige Ansprechpartner ist. Wollt ihr lieber mit eurem Höheren Sein arbeiten, geht das am einfachsten über eure Intuition, euer Bauchgefühl. Mit mehr Übung werdet ihr vielleicht auch eine Präsenz spüren, eine leise Stimme hören, so, wie es für euch in dem Moment angemessen ist.

Wir alle hier ehren euren Weg und möchten euch diese abwechslungsreiche Reise so angenehm wie möglich gestal-

ten. Wir wünschen uns von Herzen, dass ihr uns euch dienen lasst. In der Inanspruchnahme unserer Dienste, in der
Kontaktaufnahme mit eurem Höheren Selbst erkennt ihr
eure Göttlichkeit. Und über das Anwenden dieser gerade beschriebenen Alltagstipps erkennt ihr, dass Göttlichkeit mitten im Leben stattfindet, mitten im Leben IST. Beim Schuhe-
anziehen und Zähneputzen genauso wie beim Einkauf im
Supermarkt. Geht einkaufen und nehmt uns mit. Das wird
ein Spaß!

Erschaffen von Realitäten als Alltagshilfe

Göttlichkeit bedeutet Schöpferkraft. Ihr alle seid Schöpfer, ihr alle seid Gott, ein Stück von Gott sozusagen, Abspaltungen von der Quelle, die sich durch euch erfährt. Also werft
das kirchliche Dogma über Bord, Gott wäre weit weg und
könne nur durch Selbstkasteiung und allerlei Rituale in düs-
teren Gemäuern unter Zuhilfenahme diverser Werkzeuge
erreicht werden. Ihr seid Gott. Das ist Fakt. Warum also beginnt ihr nicht zu erschaffen, was euch guttut? Fangt an!

Auch hier ist es wieder euer persönlicher Alltag, den ihr
euch spielerisch erleichtern könnt. Nehmen wir einmal das
Thema Parkplatzsuche. Viele von euch leben in Ballungsräu-
men und sind auf einen fahrbaren Untersatz angewiesen.
Noch, möchten wir hinzufügen, denn die Zeiten, in denen
man Dreck schleudernde Vehikel zur Fortbewegung ein-
setzt, sind in der Beendigung begriffen. Es wird nicht mehr
allzu lange dauern. Doch für die jetzige Zeitschiene, in der ihr
euch bewegt, ist es ein notwendiges Übel und leidiges The-

ma, einen Abstellplatz für euren Blechcontainer zu finden. Erschafft euch einen! Wie? Ganz einfach: Fokussiert und haltet im Bewusstsein, welchen Parkplatz ihr schon habt, bevor ihr anfangt, zu suchen. Glaubt daran, indem ihr euch einfach in der Überzeugung wiegt, es wäre schon so. Und dann haltet Ausschau. Nehmt die Möglichkeit an, die euch geboten wird. Und es wird eine geben, ganz sicher. Ihr habt sie erschaffen. „Wie ist das möglich?", hören wir einige unter euch fragen. Nun, dies auszuführen würde ganze Bücher füllen. Für diesen Moment ist es nur wichtig für euch, anzunehmen und zu verinnerlichen, dass ihr es könnt. Ihr könnt es. Punktum. Die Frage ist nur, ob ihr es weise zu eurem Wohlergehen nutzt, oder ob eure Schöpferkraft sich sozusagen selbst überlassen bleibt und Wege geht, die ihr nicht bewusst beeinflusst, sondern mit euren Gedanken füttert und so manifestiert, was ihr in vielen Fällen eigentlich versucht, zu vermeiden.

Geht in das Bewusstsein, dass ihr Schöpfer eurer Realität seid, und lebt danach. Fangt mit kleinen Dingen an: Parkplätze, Pünktlichkeit, Finden von Menschen und Gegenständen. Wenn ihr das Gefühl habt, ihr seid spät dran (zum Thema Zeit später mehr): Geht in das Gefühl der Freude darüber, dass ihr rechtzeitig angekommen seid. Suhlt euch regelrecht darin und erkennt, dass es so ist. Und es wird so sein. Wenn ihr Dinge verloren habt, die euch etwas bedeuten, und ihr wollt sie wiederfinden: Verbindet euch mit eurem Höheren Sein oder mit uns (ihr wisst ja: Ein Gedanke reicht!) und lasst euch lenken und leiten, lasst euch „schubsen", hört auf euer Bauchgefühl, wenn ihr auf die Suche geht – und erschafft die Realität des erfolgreichen Findens, indem ihr euch in der Freude ergeht, es schon geschafft zu haben. Habt das Bild vor eurem inneren Auge, wie der vermisste Gegenstand wieder zu euch gekommen ist, wie ihr ihn berührt, in Händen haltet. Ihr tut nichts anderes, als eine parallele Zeitschiene zu erschaffen, die ihr mit der Kraft eurer Emotionen, eures Herzens, mit eurer gerade gelebten Zeitschiene zusammenführt und so für euch real werden lasst. Über das Thema Parallelwelten und Multiversen gibt es bereits viele Informationen, die euch zur Verfügung stehen, deshalb soll an dieser Stelle nicht weiter darauf eingegangen werden. Nur so viel:

Ihr erschafft zu jeder Sekunde viele Möglichkeiten eures jetzigen Seins, und es liegt an euch, die Möglichkeit zu greifen und zu leben, die euch die angenehmste, förderlichste, tiefgründigste, liebevollste, heilbringendste scheint. Ihr tut es bereits. Ihr erschafft. Der große Unterschied zu den alten Zeiten ist „nur", dass ihr jetzt bewusst erschaffen könnt. Immer leichter, immer schneller, immer umfassender – zu eurem und so zum Wohl aller. Das alles geschieht in eurem Herzen, dem Hort eurer Göttlichkeit. Und so könnt ihr im Herzen viele Dinge fühlen, die für den Verstand unmöglich scheinen.

Hand aufs Herz: Wie oft habt ihr in Situationen eine Wahrheit gespürt, die sich der Verstand nicht erklären konnte? Und wie oft habt ihr mit diesem Gefühl Recht behalten? Genau das ist der Weg der Göttlichkeit. Und jede schöpferische Tat, die ihr aus dem Herzen heraus vollbringt, im vollen Bewusstsein, dass ihr es tut, bringt euch wieder näher an euer Höheres Sein. Macht die Welt zu einem besseren Ort zum Leben.

„Mit Parkplatzsuche?", hören wir euch zweifeln. Ja, geliebte Kinder. Mit erschaffenen Parkplätzen, erfolgreichen

Einkäufen für das Abendessen, wiedergefundenen Eheringen, mit all diesen Dingen lebt ihr die Neue Erde. Wir können es euch nur immer wieder sagen: Ihr seid göttliche Wesen, und was ihr gering schätzt, was euren Alltag prägt, ist göttliches Konstrukt, gelebte Weisheit, ein Universum von Wachstumsmöglichkeiten und Erlebniswelten, Einsichten und Erkenntnissen. Lasst euch nicht beirren. Blickt tiefer.

Erkennt auch in den vermeintlichen Kleinigkeiten den göttlichen Kern. Und freut euch einfach mal, dass das Leben einfacher sein kann, als ihr erwartet habt. Es ist schwer genug, in diesen stürmischen Zeiten den Fokus zu halten. Verwendet eure Kraft darauf und überlasst den Alltagstrott eurer gelebten Göttlichkeit. Fangt an zu spielen.

Was möchtet ihr heute erschaffen? Ein Wiedersehen mit geliebten Freunden nach langer Zeit? Nur zu! Ein nettes Abendessen, das ihr selbst gekocht habt, ohne eine Rezeptidee gehabt zu haben? Wir sind gespannt! Das Traumkleid für den Traumabend mit dem Traummann? Kein Problem! Geht in euer Herz, verbindet euch, freut euch. Lebt und erschafft. Wir begleiten euch sehr gerne dabei und neigen unser Haupt vor dir, du göttliches Wesen. Ja, ganz genau: Vor DIR.

Anmerkung der Autorin:

Für mich, die das Leben gerne spielerisch angeht, sind diese kleinen Alltagshilfen ein wunderbares Tummelfeld. Je mehr ich damit arbeite, desto „mutiger" werde ich, setze die Ansprüche ein klein wenig höher, wähle (für mich) komplizietere Herausforderungen und bin jedes Mal wieder baff, wenn es tatsächlich funktioniert hat. Müßig zu erwähnen, dass ich in dem Konstrukt natürlich die Einzige bin, die daran zweifelt. Auch jetzt gerade fühle ich, dass meine geistige „Family" wieder gehörig schmunzelt... Es ist wirklich so leicht, im Alltag zu erschaffen und schöpferisch zu leben. Die besagten Parkplätze sind für mich wirklich nur noch dann ein Thema, wenn ich mal wieder vergessen habe, dass ich mir einen erschaffen kann. Das kommt im „Alltagsgewusel" schon mal vor.

Das Thema Pünktlichkeit war mir persönlich immer sehr wichtig, doch mittlerweile kann ich das sehr gut loslassen. Ich erschaffe mir mittlerweile keinen bestimmten Zeitpunkt mehr, an dem ich ankommen möchte (zu einem Termin oder einem Treffen), sondern gebe einfach den Gedanken ins Feld: „Ich bin rechtzeitig da", was immer das dann im Einzelnen heißen mag. Manchmal bedeutet es, nach menschlicher Logik viel zu früh da zu sein und damit Raum und Zeit zu haben für Gespräche mit Menschen, die man bei „pünktlichem" Erscheinen nicht gehabt hätte. Oder es heißt auch mal, „zu spät" zu kommen, um dann festzustellen, dass derjenige, mit dem man sich treffen wollte, erst ab der Sekunde Zeit hat, in der man durch die Tür stürmt.

Wir sind immer zur richtigen Zeit am richtigen Ort, und ich liebe es, über dieses Rechtzeitig-da-Sein zu erkennen, welche größeren Zusammenhänge gerade wirken. Warum man diesen oder jenen Menschen getroffen hat. Weshalb man zu spät in den Sitzungsraum gehuscht ist und so exponiert von allen Anwesenden wahrgenommen wird. Was das wieder an Impulsen auslöst, die sich im Feld fortsetzen und Prozesse in Gang bringen. Für mich ist es immer wieder faszinierend und erhellend, mich in diese Mechanismen zu versenken und zu vertiefen.

Abgesehen davon ist es natürlich auch eine enorme Erleichterung und ein Riesenspaß. Schlecht gelaunte Kassiererin im Supermarkt? Warum nicht „freundliche Kassiererin" denken? Das wirkt wahre Wunder. Die Hände voller Tüten? „Was für ein Glück, dass mir genau jetzt jemand die Tür aufhält." Und schwupp, ist es geschehen. Staumeldungen im Radio? „Wenn ich dort bin, hat sich der Stau längst aufgelöst. Was für ein Segen." Und schon ist man entspannt durchgekommen. Ich persönlich finde gerade diese spielerische Herangehensweise so spannend. „Bierernste" Möglichkeiten haben wir wirklich zur Genüge – ohne hier despektierlich werden zu wollen. Alles hat seinen Raum und seine Zeit. Meine persönliche Meinung ist lediglich, dass es jetzt mal an der Zeit ist, zu spielen.

Dein göttliches Höheres Sein integrieren (Kryon)

Ich bin KRYON vom magnetischen Dienst. In tiefer Liebe und Wahrheit bin ich gekommen und freue mich, zu dieser illustren Runde sprechen zu dürfen. Vieles habt ihr bereits erfahren, gelernt und verstanden, und nun geht es daran, noch tiefer zu blicken, noch tiefer zu verstehen, noch näher an den Kern eures Seins heranzurücken. Ich spreche von eurem Höheren Selbst.

Viele Jahre lang benutzten wir in den Unterweisungen das Bild des „Goldenen Engels", um euch zu erklären und begreiflich zu machen, worum es hier geht. Für diejenigen unter euch, die zum ersten Mal (zumindest in diesem Leben, auf dieser Existenzebene – Schmunzeln) mit diesem Thema in Berührung kommen, folgt ein kurzer Abschnitt, was wir hier eigentlich besprechen. Die anderen mögen sich entspannt zurücklehnen in dem Bewusstsein, dass auch sie einmal zum ersten Mal davon erfahren haben, und genießen bitte einfach das Schwelgen in alten Erinnerungen. (Zwinkern) Ihr seid eine sehr heterogene Gruppe, und diese kurze Unterweisung ist notwendig.

Das Höhere Selbst seid ihr in höheren Bewusstseinsformen. Es sandte euch aus, um zu lernen und diese Erfahrungen dem großen Bewusstsein hinzuzufügen. „Wer und wo ist es denn?", höre ich Fragen aufsteigen. Nun, wer genau das Höhere Selbst ist, spielt in den wenigsten Fällen eine Rolle. Versucht euch einfach vorzustellen, dass es eine Wesenheit gibt, die immer bei euch ist, euch in- und auswendig kennt, euren Lebensplan und euer Lebensziel weiß und auch, wie ihr beabsichtigt, eure geplanten Lektionen in diesem Leben zu lernen. Euer Höheres Selbst ist euer ganz spezieller, individuell für euch persönlich zur Verfügung stehender Schutzengel, um einmal bildhaft zu sprechen. Es ist immer für euch da, hält eure Hand und begleitet jeden eurer Schritte. Und es steht gerne zur Verfügung, wenn ihr Fragen und Nöte, Sorgen und Wünsche habt. Ein wenig habt ihr hier ja schon erfahren, wie es sich bemerkbar macht. Ihr könnt euer Höheres Selbst jederzeit erreichen – und dafür müsst ihr euch nicht einmal eine Telefonnummer merken. (Zwinkern) Was ihr dafür braucht, ist euer Herz. „Das ist ja praktisch, das habe ich ja schon!" Nun, geliebte Kinder, genauso ist es. Ihr tragt eure höhere Existenzform stets und ständig mit euch herum. Praktisch, nicht wahr?

Um in Verbindung zu treten, ist es gerade am Anfang förderlich und zielführend, in die Herzverbindung zu gehen. Lege einmal (wir wollen hier direkt üben) deine Hand aufs Herz. Auch die Erfahreneren unter euch machen diese Übung bitte, ihr seid auch und vor allem Feldhalter und bildet so die Basis für eure befreundeten Seelen, die das zum ersten Mal tun.

Lege nun also die Hand aufs Herz, es spielt dabei keine Rolle, welche Hand du benutzt. Und nun fühle dein Herz und stelle es dir vor. Wie ein Schokoladenherz oder ein Luftballonherz, schön figürlich. Ich bin an deiner Seite und helfe dir.

In diesem Herzen ist eine Tür, die ich nun für dich öffne. Geh hinein – und wundere dich nicht über den alten Krempel, der dir entgegenfällt. Du warst eine Weile nicht mehr hier. Ich helfe dir beim Aufräumen, zünde ein Licht für dich an und baue mit dir gemeinsam ein gemütliches Plätzchen. Ein Bett? Ein Sessel? Vielleicht am Kamin? Eine Hängematte? Entscheide du. Wähle, was dir angenehm ist.

Nun setze oder lege dich bequem hin und schaue dich um. Du wirst nun deinem Höheren Selbst begegnen. Es ist auf einmal da und kommt auf dich zu. Als Engel oder Lichtgestalt, vielleicht kannst du auch Umrisse einer Person erkennen, ein menschliches Antlitz. Es kommt dir so entgegen, wie du es gut erkennen kannst. Es kennt dich und weiß, welche Erscheinungsform du am besten annehmen kannst.

Nun fühle die Verbindung. Begrüßt euch, vielleicht legt ihr euch gegenseitig die Hand aufs Herz, umarmt euch oder erzählt euch etwas. Schließlich habt ihr euch eine Weile nicht gesehen. Nimm dir die Zeit, die du brauchst. Du hast sie JETZT.

Willkommen zurück! Wie hat es sich angefühlt, mit deinem Höheren Sein verbunden zu sein? Ein schönes Gefühl, nicht wahr? Diese Verbindung, diese Seinsebene, kannst du täglich praktizieren, stündlich, minütlich. Du wirst mit der Zeit immer leichter in Kontakt kommen. Übung ist das Zauberwort. Das mag für viele erst einmal schulmeisterlich und extrem langweilig klingen, doch versteht bitte, dass ihr lange einen sehr großen Abstand zu eurem göttlichen Sein hattet.

Die Mechanismen sind ein wenig eingerostet, und Übung ist das Öl, das eure Bewusstseinsscharniere brauchen, um sich wieder geschmeidig bewegen zu können. Übt und erkennt, wie leicht es ist, im Göttlichen zu sein. Irgendwann braucht ihr die Hand auf dem Herzen, den Schritt in den Herzensraum nicht mehr, sondern seid mit eurem Höheren Sein verschmolzen. Das ist der Weg nach Hause, ihr Lieben, der Weg, den ihr so sehnlichst gehen wolltet. Also, warum fangt ihr nicht einfach heute damit an? (Zwinkern)

Nun seid ihr also alle auf dem mehr oder weniger gleichen Wissensstand. Das Höhere Selbst seid ihr. Ihr geht in Kontakt und verschmelzt Stück für Stück damit. Euer Ego spürt das und legt noch ein paar Nüsse zum Knacken auf euren Weg, damit ihr nicht so schnell vergesst, dass ihr mal ein Ego hattet. Lasst es gewähren und nehmt die Lektionen mit, die sich daraus ergeben. Es wird nicht mehr lange vonnöten sein. Was ihr konkret tun könnt, um diesen Prozess des Verschmelzens zu beschleunigen und zu erleichtern: Bittet euer Höheres Selbst, durch euch zu wirken und zu sprechen. Das mag lapidar klingen, doch das ist es durchaus nicht. Wäre es nicht großartig, wenn jede eurer Taten von göttlichem Bewusstsein geführt wäre? Wenn jedes eurer Worte göttliche Liebe zum Ausdruck bringen würde? In was für einer Welt könntet ihr leben, wenn ihr das alle tun würdet... Ich helfe euch JETZT dabei, zu spüren, wie diese Neue Zeit sich anfühlt. Genieße jetzt das Feld, das ich dir eröffne, damit du verstehst. Schließe die Augen und genieße – JETZT!

Das, meine Lieben, ist das endgültige Ziel. Das ist die Neue Erde in der Neuen Zeit. Ihr lasst sie real werden. Jeder auch noch so kleine Schritt in Richtung Göttlichkeit führt unabdingbar näher an diese Zeit- und Seinsqualität heran. Nutzt, was euch gegeben wurde, erkennt die Möglichkeiten und setzt sie weise um. Ihr habt mit eurem Höheren Selbst den perfekten Partner an eurer Seite (bei einigen von euch möchte ich hinzufügen: Bereits in euch drin – Schmunzeln).

Verbindet euch. Lebt die Neue Zeit. Jetzt schon. So erschafft ihr sie. Erinnert euch an Anafiels Worte: „Seid jetzt schon in der Freude darüber, dass bereits da ist, was ihr erschaffen möchtet." Ihr seid die Schöpfergötter. Nutzt euer Höheres Sein. Nutzt die Kraft eures Herzens. Lebt göttliche Liebeskraft, indem ihr seid und erschafft. Verschmelzt mit eurem höheren Wesenskern. Jeden Tag ein Stückchen mehr. Und wundert euch nicht, wenn ihr plötzlich Dinge sagt und tut, die nicht eurem Erwartungshorizont von euch selbst entsprechen.

Ihr werdet weise sprechen, liebevoll handeln, diplomatisch agieren, geschickt verhandeln, Menschen zusammenbringen, Orte erhellen und Vergünstigungen schaffen, von denen viele profitieren können. Und euch hinterher zwicken und fragen: „War das wirklich ich, der da gerade gesprochen hat?" Ja, du warst es. Du in Verschmelzung mit deinem Höheren Sein. Gewöhne dich besser daran! (Zwinkern)

Anmerkung der Autorin:

Die erste bewusste Begegnung mit meinem Höheren Selbst war für mich ein unglaublich emotionales Erlebnis. Ich heulte, salopp gesprochen, Rotz und Wasser. Die Liebe und Güte, die ich in dem Moment der Begegnung spürte, überwältigten mich so sehr, dass ich fast vergaß, zu atmen. Dabei konnte ich direkt erleben, dass mein Höheres Selbst so gut für mich sorgte, dass ich mir um nichts Gedanken machen musste. Es übernahm nämlich einfach das Atmen für mich. So konnte ich den Moment genießen, mich in diese Verbindung fallenlassen, und mein Körper wurde weiter mit allem versorgt, was er brauchte. Ein tolles Gefühl.

Mit der Übung kamen auch die Stabilität und die Themen, die angeschaut und erlöst werden wollten. Mittlerweile sind wir verschmolzen, mein Höheres Selbst und ich. Manchmal frage ich aus meinem kleinen zweifelnden Ego heraus: „Bist du noch da?" Was dann folgt, ist meistens ein Kichern und ein Stupsen, verbunden mit einem Kribbeln am ganzen Körper. Ja, es ist immer da – nur mein Ego will manchmal nicht so recht daran glauben. Und schon spüre ich es wieder, dieses wissende Schmunzeln aus meinem Höheren Sein...

Dein Umfeld und du
(Metatron, Kryon, Anafiel)

Wir sind MELEK METATRON, KRYON und ANAFIEL. Wir sprechen diesen Teil der Unterweisung als Gruppenpräsenz zu euch, denn was wir euch in diesem Abschnitt mitteilen möchten, erfordert, dass wir unsere verschiedenen Schwingungsaspekte zu einer Stimme zusammenführen. So wollen wir beginnen.

In den vorangegangenen Kapiteln ging es zuerst einmal darum zu erkennen, dass ihr göttlich seid und wie ihr dieses Wissen im Alltag konkret zu eurem und zum Wohl aller einsetzen könnt. Ihr seid nun schon ein ganzes Stück näher an euren göttlichen Wesenskern herangerückt. Nun betritt noch Mutter Maria den Raum, denn jetzt geht es um eine Botschaft der Liebe und des Mitgefühls. Auch sie spricht mit uns gemeinsam.

Ihr stellt fest, dass ihr anfangt, euch zu verändern. Ihr gewinnt neue Einsichten, macht neue Erfahrungen und verankert neue Erkenntnisse in eurem Bewusstsein. Ist euch klar, dass ihr damit eure Existenz neu formt? Letztlich und endlich seid ihr nichts weiter als Schwingung in einer bestimmten Amplitude mit einer besonderen Ausformung. Ihr seid ein Ton im göttlichen Ozean der Musik. Unsere Partnerin spricht gerne von einer „Schwingungssignatur", die wir alle haben, wie eine energetische Unterschrift, die wir mit unserer Existenz, mit unserem Sein setzen. Ein gutes Bild, wie wir finden. Nun, diese Unterschrift, diese Signatur, beginnt sich zu verändern. Ihr seid im Wandel begriffen und beschleunigt das durch das Erforschen eurer Göttlichkeit. Jede vom Schöpfergeist geprägte Erfahrung, die ihr macht, speichert ihr in eurem Bewusstsein ab. Auch gelebte Erfahrung ist Schwingung, ist Ton. Mit jeder Erfahrung fügt ihr eurem Ton also neue Töne hinzu. Was passiert? Der Ton verändert sich. Die Musik eures Lebens klingt plötzlich anders, vielleicht vielfältiger, umfassender, heller oder höher. Sie verändert sich. Ihr erhaltet eine neue Schwingung.

Im Bild der Schwingung seid ihr Menschen schon eine Weile unterwegs. So sprecht ihr von „komischen Schwingungen", wenn ihr einen Raum betretet und die Atmosphäre unangenehm erscheint. Ihr sprecht davon, „in Resonanz zu gehen", wenn euch ein Thema, ein Aspekt, ein Mensch berührt. Egal, in welcher Form der emotionalen Ausprägung: Ihr geht in Resonanz. Weise Worte aus eurem Mund. Denn diese Resonanz ist es, die jetzt anfängt, zu tragen und zu wirken. Viele von euch sprechen auch vom „Gesetz der Resonanz". Doch was genau ist das eigentlich?

Nun, wir erklärten ja bereits, dass ihr einen Ton, einen Klang habt, so, wie alle anderen Menschen um euch herum auch. Mit diesen Menschen verbindet euch etwas: eine Gemeinsamkeit in eurer Schwingungssignatur. Ihr seid in Resonanz gegangen und habt euch als „ähnlich schwingend" erkannt. Das verbindet euch und schafft Nähe, auch wenn diese sich unterschiedlich äußern kann. Nähe ist nicht immer Liebe, aber das wisst ihr mit Sicherheit bereits. Nähe bedeutet einfach, sich ähnlich zu sein. Doch dazu an anderer Stelle mehr.

Nun ist da also diese Schwingungsverwandtschaft, und im Erkennen eurer Göttlichkeit kommen auf einmal ganz neue Töne in euren Klang. Was geschieht? Es kommt unter Umständen zum Gegenteil von Resonanz: zu Dissonanz. Ihr schwingt nicht mehr harmonisch, sondern irgendwie „schräg". Der Klang ist nicht mehr wohltuend, sondern schmerzt in den Ohren. Irgendetwas passt nicht mehr. Das spürt ihr, und das spürt euer Umfeld. Natürlich gibt es auch diejenigen auf eurem Weg, die genau wie ihr voranschreiten, den gleichen Pfad abwandeln und die gleichen Meilensteine erarbeiten. Wir sind nie alleine unterwegs auf der Straße, die wir gewählt haben. Diese Resonanzen bleiben, weil sie sich im Gleichklang verändern. Die Dissonanzen werden auseinanderdriften und sich Töne suchen, mit denen sie besser harmonieren.

Ihr nennt das: „Die Spreu trennt sich vom Weizen." Ist das nicht viel zu wertend? Es stimmt, in dieser besonderen Zeitqualität ändert sich das persönliche Umfeld jedes Einzelnen unter Umständen sehr schnell. Und oft ist auch irdisches Drama involviert, sei es, um Lernerfahrungen zu ermöglichen oder den Prozess der Trennung zu erleichtern. Doch letztlich und endlich seid ihr alle im Prozess der Veränderung, nicht wahr? Ihr und all die anderen Seelen, die sich entschlossen haben, in dieser besonderen Zeit zu inkarnieren. Spürbar sollt ihr jetzt die Liebe Gottes erfahren, indem ihr erkennt: Es gibt keine Spreu und keinen Weizen. Ihr seid alle geachtet und geehrt für die Wege, die ihr beschreitet. Es ist einfach so, dass beim Entdecken der Göttlichkeit die Schwingung sehr schnell ausschlägt, sich integriert und verarbeitet, und sich deshalb auch schnell verändert. Diese Schnelligkeit verwirrt euch zusehends, doch wir können euch nur voller Liebe sagen: Das wird erst einmal so bleiben. Viele werden kommen, viele werden gehen. Auch ihr kommt und geht. Die Gruppe, die euch heute noch unterstützt und getragen hat, entspricht schon morgen nicht mehr eurem Denkansatz. Die Werte, die ihr heute gemeinsam mit Freunden lebt, habt ihr vielleicht morgen schon über Bord geworfen, weil sie von neuen Erkenntnissen, neuen Wahrheiten abgelöst wurden. Also geht ihr.

Was ist nun also zu tun? Die dümmste Wahl, die ihr treffen könnt, ist, im Drama zu verharren und mit jedem Menschen spinnefeind zu bleiben, der euch vermeintlich verlassen oder eure gemeinsam hochgehaltenen Werte verraten hat. Wollt ihr irgendwann einmal mit der gesamten Menschheit verfeindet sein? Wohl kaum. Es wäre dumm, nicht anzuerkennen, dass ihr alle diesen Wandel gewollt und gewählt habt. Also seid liebe-voll. Genau in dieser Schreibweise. Seid liebe-voll. Die Nähe zum Göttlichen bringt euch auch die Erkenntnis, dass alles Liebe ist. Jeder Weg. Jede Tat. Jede Existenz. Jeder Atemzug eines jeden Wesens. Ohne Wertung. Ohne Wenn und Aber. Alles ist Liebe. Kommt in dieses Bewusstsein. Die göttliche Mutter in der Gestalt von Maria legt JETZT die Hand auf dein Herz und lässt dich spüren, wie göttliche Liebe sich anfühlt. Genieße es jetzt.

Wie fühlte sich das an? Hast du es spüren können? Behalte den Nachhall dieses Gefühls im Bewusstsein und denke jetzt über die Frage nach: Kannst du die lieben, die dich verlassen haben? Kannst du die lieben, die dich gequält und verraten haben? Ja, das kannst du. Nicht jetzt sofort und jeden gleich. Löse dich Schritt für Schritt vom Drama und der Wertung. Erkenne, dass alle um dich herum auch göttliche Wesen sind, ausgesandt, um hier einen heiligen Dienst zu verrichten. Werte nicht. Lass gehen, wer dein Leben und dein Umfeld verlassen möchte. In Dankbarkeit, Demut und Frieden.

Ihr habt vieles gemeinsam gelernt und euch gegenseitig viele Schritte ermöglicht. Das gilt es anzuerkennen und dann loszulassen. Öffne die Arme, lass los und hab so die Arme ausgebreitet für die, die jetzt in dein Leben treten möchten, die deine Töne singen, die so ähnlich schwingen wie du und mit dir gemeinsam einen Wegabschnitt oder auch viele Wege gehen möchten. Respektvoll und voller Liebe. Erinnere dich an die Liebe und deine Göttlichkeit und entscheide und handle weise. Behandle dein Umfeld so, wie du behandelt werden möchtest. Weise, liebe-voll und göttlich. Die Zeit dafür ist reif. Beginne JETZT.

Anmerkung der Autorin:

Auch ich stellte irgendwann fest, dass sich die Dinge schneller wandeln und ich öfter Menschen loslassen musste, weil sich unsere Wege trennten. Ganz „organisch", einfach nur, weil wir nicht mehr den gleichen Fokus hatten und so unsere gemeinsame Zeit zu Ende ging. Damit haderte ich lange. Ich wollte einfach nicht die Menschen loslassen, die ich liebgewonnen hatte. Doch genau damit tappte ich in die Dramafalle, erschuf mir Drama, wo eigentlich keins war. Mittlerweile habe ich mich in diese stetige Veränderung hinein entspannt. Ich freue mich über jede Begegnung, genieße die gemeinsame Zeit mit den Seelen, die genau JETZT an meiner Seite sind und sein sollen –, und lasse los, wenn ich erkenne, dass die Wege sich trennen. Was bleibt, ist eine tiefe Dankbarkeit. Dankbarkeit für die Liebe, die ich spüren, für die Lektionen, die ich erkennen und lernen und für jede Erfahrung, die ich sammeln durfte.

Gelingt mir das jetzt schon bei allen Menschen, die jemals in meinem Leben waren? Mein Höheres Selbst fängt an zu schmunzeln, und meine Antwort lautet: Nein. Aber irgendwann wird es das. Ganz bestimmt.

Gelebte Liebes- und Lebenskraft (El Morya, St. Germain)

Geliebte Kinder, ich bin EL MORYA. Ich gehöre zu den Aufgestiegenen Meistern und habe meinen Inkarnationszyklus vor etwa 150 Jahren endgültig abgeschlossen. Ich bin hier, ihr seid hier, in diesem Feld, in dieser Arbeitsblase, die wir gemeinsam erschaffen haben, um zu lernen und sie tiefer zu ergründen. Keiner von euch ist zufällig hier, liest diese Zeilen, lauscht den Worten und Botschaften. Ihr habt alle einen guten Grund, euch jetzt vorzubereiten und einzustimmen auf das Neue Zeitalter, das JETZT beginnt.

Alltagstipps wollt ihr, und Alltagstipps sollt ihr bekommen. Ich bin noch nahe genug am menschlichen Dasein, um zu spüren, was euch umtreibt. Ihr glaubt, den Halt verloren zu haben. Viel zu schnell geht alles, meint ihr. Wirklich? Tatsächlich? Spürt einmal hinein in euer weises Herz. Ist tief in eurem Herzen nicht alles gut, genauso, wie es ist? Alles im Außen, euer Ego, euer Tagesbewusstsein, ist nicht von Bedeutung. „Aber wie lege ich das ab?", werden jetzt einige fragen. „Wie befreie ich mich davon, wo es mich doch so intensiv umtreibt und beeinflusst?" Viele dieser Fragen könnt ihr mithilfe der Werkzeuge aus diesem Kompendium beantworten. Und in dieser Abhandlung, in dieser Schulstunde, die gerade begonnen hat, soll es darum gehen, wie ihr über die GAIA-Verbindung Erdung und Ruhe findet.

Wer ist GAIA? Nun, für diejenigen unter euch, die diesen Namen zum ersten Mal lesen: GAIA ist die Erdmutter, der

Planet, auf dem ihr wandelt, ein weises und ziemlich altes Wesen, das euch gerne trägt und mit euch zusammen den Aufstieg begonnen hat und vollzieht. GAIA ist die Lebenskraft, ein Teil von ihr ist auch in euren Zellen, in eurer DNS gespeichert. KRYON hat dazu kürzlich erstmals Auskunft gegeben, und ihr findet seine Abhandlungen dazu leicht zugänglich, wenn ihr euch mehr darüber informieren wollt. Für jetzt ist nur wichtig, dass ihr begreift: Ihr seid mit Mutter Erde verbunden, ob ihr wollt oder nicht (Schmunzeln). Ja, ich lächle ein wenig bei dieser Ausführung, denn bei einigen von euch löst diese Aussage, diese Tatsache Unbehagen aus. Das hat einen Grund, und ihr könnt, wenn ihr die Werkzeuge aus dieser Abhandlung weise gebraucht, die alten Speicherungen lösen, die euch in die Abwehr gegenüber einer Verbindung bringen, die so oder so existiert. Nutzt also, was euch zusteht, weise und mit Bedacht.

Ihr seid also mit GAIA verbunden, jederzeit. „Und warum spüre ich das nicht?", fragen einige jetzt völlig perplex. Nun, weil ihr im Abstand zum Göttlichen auch den Abstand zur Lebenskraft gesucht habt. Ihr habt in diesem bewussten „Downgrading", das vor langer Zeit GAIA und die Menschheit gemeinsam vollzogen haben, beschlossen, euch ein Stück weit von eurer Lebenskraft abzuschneiden. Und so geschah es. Sie existiert zwar, jederzeit verfügbar, doch ihr habt euch den Zugriff verweigert, um auf einer niederen Ebene weitere Erfahrungen hinzufügen zu können, bevor ihr vollumfänglich nutzt, was euch immer zustand. Das geschieht JETZT. Ihr könnt die Verbindung zur Lebenskraft, zur Erdmutter, nun wieder spürbar erfahren und leben. Viele Lebewesen, nicht nur Menschen, stehen euch dabei hilfreich zur Seite.

Einige von euch denken jetzt automatisch an die Wale und Delfine, doch von ihnen ist dieses Mal nicht die Rede. Sie sind Speicher, verkörpern weitere Aspekte und Abspaltungen eures Höheren Seins und erledigen andere Aufgaben. Die Lebewesen, von denen ich nun hauptsächlich sprechen möchte, sind eure Kraft- und Haustiere. Dabei wollen wir zunächst die Verbindung betrachten, die zwischen euch und euren tierischen Freunden besteht, die tagtäglich an eurer Seite sind.

Wer von euch hat einen Hund, eine Katze? Vielleicht sogar mehrere? Gibt es Meerschweinchen bei euch? Hamster? Kanarienvögel? Wellensittiche? Schlangen? Skorpione sogar? Fische? Amöben im Heuaufguss? Pantoffeltierchen? Ich benenne bewusst auch die Tiere, die ihr mit bloßem Auge nicht sehen könnt. Sie gehen mit euch in Verbindung. Sobald ein Kind in seinem Zuhause das Mikroskop auspackt, um zu sehen, was sich alles in diesem fürchterlich stinkenden Wasser tummelt, das im Biologieunterricht angesetzt wurde, sind Mensch und Tier in Verbindung. In der Faszination darüber, dass da etwas im Wasser lebt, kaum sichtbar und doch da, mit eigenen Händen im perfekten Umfeld erschaffen, in diesem Gefühl entsteht eine Kraft. Auch bei Amöben und Pantoffeltierchen. Sie spüren die Freude, die Faszination, die schlussendlich gelebte Liebe, die ihnen entgegengebracht wird. Und sie speichern all dies in ihre Zellen und so in das GAIA-Bewusstsein ein.

So ist es doch auch mit euren greifbaren tierischen Freunden, nicht wahr? Wenn etwas Pelziges schwanzwedelnd und hechelnd vor Freude auf euch zukommt, geht euch da nicht das Herz auf? Oder wenn die personifizierte Eleganz sich dazu herablässt, sich von euch kraulen zu lassen und das schnurrend kommentiert, ist das nicht herrlich? Wenn ein singendes, tirilierendes Federknäuel euch nach getaner Arbeit begrüßt, zur Käfigtür springt und auf eure Hand klettert, wird euch da nicht warm ums Herz? Ich sehe euch schmunzeln und innig lächeln, ihr versteht also. Diese Liebeskraft, diese Verbindung zwischen euch und den tierischen Begleitern, die euch gewählt haben (nicht umgekehrt), ist pure Lebenskraft. Liebeskraft ist Lebenskraft, ganz genau. All die kleinen und großen Liebesimpulse, die ihr in der Beschäftigung mit euren tierischen Hausfreunden aussendet, landen direkt im GAIA-Bewusstsein, werden dort gespeichert und „machen" etwas. Was genau? Nun, dazu ist viel geschrieben worden, und ihr werdet Informationen finden, wenn ihr euch dafür interessiert und euch näher damit beschäftigen möchtet. Für jetzt ist nur wichtig zu wissen, dass es Speicher für diese liebevollen Bindungen gibt. Und auch denjenigen unter euch, die weniger „knuffige" Tiere an ihrer Seite haben, sei gesagt: Auch sie haben ein Liebesbewusstsein und nehmen auf, wenn ihr euch liebevoll (der männliche Teil möchte vielleicht lieber sagen: professionell) mit diesen Tieren beschäftigt. Sie spüren, was ihr ihnen angedeihen lasst, und es wird gespeichert.

So ist diese Verbindung in zweierlei Hinsicht praktisch. Zum einen wird über den Liebesspeicher, den ihr gemeinsam aufbaut, der Aufstieg von euch und GAIA beschleunigt und weiter stabilisiert. Ihr tut also aktiv etwas dafür, dass dieses „Projekt" gelingt. Hättet ihr jemals für möglich gehalten, dass das so einfach sein könnte? Ist das nicht gelebte göttliche

Liebe? Kraftvolles Wirken in der Einfachheit. Herrlich! Doch bevor ich mich hier weiter in Begeisterungsstürmen ergehe und ihr euch zu Tode langweilt (Kichern), kommen wir lieber zum zweiten praktischen Aspekt dieser Verbindung.

Wir sprachen ja zu Beginn davon, dass ihr euch manchmal fühlt, als hättet ihr euch selbst verloren, als wärt ihr aus dem Fokus gerutscht. Das passiert sogar sehr häufig. Und in den wenigsten Fällen könnt ihr etwas dafür. Dieses Schulddogma darf sich auch so langsam verabschieden, aber dazu an anderer Stelle mehr. Wichtig ist nur: Es passiert ständig und immer wieder. Die gute Nachricht ist: Ihr seid so schnell wieder „drin" – in eurer Mitte, in eurem Sein. Geht in Verbindung mit euren häuslichen Begleitern. „So einfach soll das sein?", höre ich euch ungläubig fragen. Ja, wie hättet ihr es denn gerne? Richtig schwer, mit komplizierten Ritualen, Abfolgen, die sich kein Mensch merken kann, gespickt mit Materialien, die 90 Prozent der Menschheit nicht bekommen können, weil sie so selten sind? So? Ja? Wirklich?

Diese Zeiten sind vorbei, meine Freunde. Werdet wach und erkennt: Das Göttliche ist im Menschlichen, mitten im Leben. Im Alltag, in der prallen Lebenswirklichkeit, so, wie sie für euch existiert. Das ist das größte Geschenk der Neuen Zeit. Ihr habt es euch selbst gemacht – und jetzt wollt ihr es nicht auspacken? „Nee, El Morya, auf Knien rutschen und beten und jemandem nachfolgen, der vermeintlich weiser ist als alle anderen, war irgendwie leichter." Nun, meine Freunde, das war es vielleicht. Aber war es auch erfüllter? Liebevoller? Weiser? Göttlicher? Lichtvoller? Klares Nein. Es war barbarisch, menschenverachtend, die Liebe missbrauchend, die Göttlichkeit negierend. So wird es nie wieder sein. Schade, oder? (Zwinkern)

Also geht in die Verbindung mit euren Haustieren und dadurch in die Verbindung mit eurer Lebenskraft und mit GAIA. Ihr verringert mit jedem Liebesimpuls, den ihr setzt (hier reicht es schon, die Fische im Aquarium zu füttern), den Abstand zu eurer Lebenskraft. Ihr rückt Stück für Stück näher an das pralle Leben, das von euch gelebt und erfahren werden möchte. Und so verbindet ihr euch auch auf einfache Art und Weise mit GAIA. Ist das nicht großartig? Ihr müsst weder das Haus dafür verlassen (zumindest diejenigen nicht, die mit ihren tierischen Freunden in häuslicher Gemeinschaft leben), kein hochdotiertes Seminar buchen, keinen Meister konsultieren. Es reicht das Lächeln von euch, wenn ihr die Tür öffnet und euer geliebter Hund zu euch aufblickt. So simpel und so kraftvoll.

Der nächste Schritt ist, diese Verbindung aktiv zu nutzen. Wenn ihr euch verloren fühlt, streichelt euer Haustier. Tut dies ganz bewusst, nehmt die Schlange aus dem Terrarium, beobachtet die Goldfische, wie sie hin- und herschwimmen. Wenige Sekunden reichen schon. Doch diese bewusst, nur im Hier und Jetzt. Du und dein Tier. Spüre das. Wenn du möchtest, probiere es doch gleich einmal aus. Lege das Buch beiseite, „schnappe" dir deinen felligen, schuppigen oder fedrigen Freund und gehe ganz bewusst in die Verbindung. Rufe mich dazu, ich halte gerne das Feld für dich, damit es dir leichterfällt, zu entspannen und die Liebe zu spüren, die fließt und alles trägt und heilt. Schließe kurz die Augen und lass in dich hineinsinken, was fließt. Ganz innig, ganz versunken. Und dann öffne die Augen wieder. Wie fühlst du dich jetzt? Besser? Irgendwie entspannter? Geerdeter? Genieße dieses Gefühl, wann immer du möchtest. Eine schöne Übung, ein toller Liebesimpuls. Nutze ihn, nutze, was dein Geburtsrecht ist.

Für diejenigen, die sich für eine Existenz ohne (haus-) tierische Begleiter entschieden haben: Tut euch Gutes und verbindet euch. Geht zum nächstgelegenen Pferdestall, Tierheim, Zoo, Wildgehege, Park, Wald. Schneidet euch nicht länger ab von dieser Verbindung zu GAIA und zu eurem Sein, die jetzt gelebt und erfahren werden möchte. Auch ihr habt dieses Leben gewählt, auch ihr wolltet diese Verbindung aktiv nutzen. Also tut es jetzt. Alle Tiere freuen sich auf euch. Probiert es einfach aus.

Die Erfahrenen unter euch, die in diesem Leben schon viel Wissen reaktiviert haben, wissen natürlich, dass eine Verbindung mit der GAIA-Kraft auch auf anderen Wegen möglich ist. Nutzt, was euch glücklich macht. Ihr seht ja: Ihr hebt die Welt damit aus den Angeln. Und so, geliebte Freunde, neige ich mein Haupt, grüße und segne euch herzlich und verabschiede mich.

Ich bin El Morya, Lehrer, Meister und euer treuer Diener. Auf ewig und somit jetzt.

Und so schalte ich mich ein. SAINT GERMAIN werde ich genannt, und ich führe dieses Kapitel fort und zu Ende. Es gibt noch einiges zu sagen, und ihr werdet meinen Worten aufmerksam lauschen, das spüre ich deutlich. Und so sage ich: Willkommen in dieser Runde. Willkommen in der neu geschaffenen, neu gelebten Verbindung mit eurer Lebenskraft, mit eurem GAIA-Anteil, den ihr tragt – und jetzt, ob ihr wollt oder nicht, mehr und mehr lebt. Der Frühling kam früh in diesem Jahr, für einige von euch viel zu früh, und so wart ihr in der Angst, der böse Klimawandel könnte der Natur Schlimmes antun und sie aus dem Konzept bringen. Eine lustige Vorstellung, findet ihr nicht? Die Erde verwirrt sich selbst? Glaubt ihr das wirklich? Ist es nicht vielmehr so, dass GAIA ganz bewusst Lebenskraftimpulse setzt, um euch zu zeigen, dass es nicht erforderlich ist, in diesen Erwärmungsprozess menschlich einzugreifen? Wir sind gerade so schön dabei, die Lebenskraft zu erforschen, und so erscheint es mir sinnvoll und zweckdienlich, auch dazu einige Worte der Erklärung zu verlieren. Ihr könnt dabei Ängste gehen lassen und so wieder ein kleines Stück mehr in die Selbstliebe und damit (im Zirkelschluss) in die Lebenskraft kommen.

Ja, die Erde erwärmt sich. Nicht das Klima, geliebte Freunde, die Erde. Sie tut das aus gutem Grund. Es gehört zu ihrem Aufstiegsprozess. Ihr werdet verstehen, dass eine Schwingungsanhebung immer zu einer Verstärkung der Amplitude führt. Und das ist ein Prozess wie in einer Mikrowelle. Indem ihr Speisen in dieses Gerät stellt, erhöht sich die Schwingungsamplitude der Moleküle, und sie werden warm. Ein Aufstieg im Kleinen (Zwinkern). Das als grobes, wenig wissenschaftliches Bild für den jetzt ablaufenden Prozess.

Die Erde hat sich also in die Aufstiegs-Mikrowelle gestellt und ihr mit ihr. Auch ihr erhöht eure Amplituden – und wer von euch in letzter Zeit öfter nachts schweißgebadet aufgewacht ist, weiß, wovon ich spreche. Nein, es ist nicht das Klimakterium, das euch umtreibt (ein sehr menschliches Konstrukt, das den Prozess der sich wandelnden Weiblichkeit nicht auch nur im Ansatz abbildet, aber dazu später mehr). Ihr seid es, die diese Wärmeschübe brauchen und leben. Ihr habt sie euch gewünscht. Sie sind vonnöten für diesen Aufstiegsprozess. Für euch und für GAIA, in deren Verbindung ihr steht, wie ihr jetzt wisst und teilweise schon begriffen und verinnerlicht habt.

Und so erwärmt sich Alles-was-ist auf diesem Planeten. Kein Klimawandel, sondern ein Schwingungswandel. Die menschlichen Bemühungen sind ein gewollter Nebeneffekt. CO_2-Ausstoß-Reduktion, Abschaltung von Atomkraftwerken, Erforschung erneuerbarer Energien, Reduktion des Autoverkehrs, Beschäftigung mit freier Energie. Für euch immens wichtig – für uns „nur" ein (hoch erwünschter) Nebeneffekt. Ein Abfallprodukt, könnte man sagen, auch wenn es natürlich wünschenswert ist, dass die Menschheit weiter danach trachtet, mehr im Einklang mit GAIA zu leben.

Und so komme ich wieder zu dem Punkt, von dem wir ausgegangen sind, geliebte Studiengruppe. Im Einklang mit GAIA leben heißt, in Verbindung zu gehen. Wie das geht, hat mein geliebter Freund und Meisterkollege El Morya schon liebevoll ausgeführt. Spürt in dieser Verbindung einmal (es mag Übung erfordern und nicht direkt beim ersten Mal gelingen, aber probiert es einfach weiter), was GAIA euch zum derzeitigen Stand der Dinge zu sagen hat. An dieser Stelle sei den spirituell Vorerfahrenen unter euch gesagt: Nein, man muss nicht in freier Natur sein, um das zu tun. Auch das ist ein Dogma, nicht mehr zeitgemäß und sozusagen vom Aussterben bedroht (Zwinkern). Umarmt gerne weiter den Baum, der euch ans Herz gewachsen ist, geht an die stillen Orte, die ihr euch gewählt habt und mit denen ihr schon lange arbeitet. Aber tut es in dem Bewusstsein, dass es nicht mehr nötig ist, gewählte Plätze zu beschreiten und bestimmte, vermeintlich besonders kraftvolle Naturwesen zu kontaktieren. Im Menschlichen ist das Göttliche, im Kleinen ist es wie im Großen, und so auch in jedem Hamster und Kanarienvogel, den ihr euer Eigen nennt, der aber letztlich und endlich euch gewählt hat, um zu dienen.

Also spürt hinein in diese gelebte Liebe, in diese Lebenskraft, und baut einmal ganz spielerisch Verbindung zu GAIA auf. Ganz leicht, ein Gedanke reicht, vielleicht ein Bild von der Erdkugel vor eurem inneren Auge oder auch nur der Name GAIA, innerlich ausgesprochen. Und dann lauscht eurer geliebten Erdmutter. Fragt sie doch einmal nach Klimawandel und CO_2-Ausstoß, löchert sie, was ihr gegen Umweltverschmutzung tun könnt, bittet sie, euch mitzuteilen, was sie sich wünscht. Ihr werdet von ihren Antworten überrascht sein. Probiert es jetzt gleich einmal aus. El Morya und ich halten das Feld und erleichtern euch so die Kontaktaufnahme. Ihr habt jetzt die Zeit dafür.

Wie hat es sich angefühlt? Gut? Irgendwie „erdig" vielleicht? Nutzt auch diese Möglichkeit der Verbindung, so oft es euch guttut, auch damit setzt ihr Aufstiegsimpulse, die den Weg stärken und die Geschwindigkeit erhöhen. So, wie ihr es euch gewünscht habt. Einige von euch haben soeben in der Verbindung ein neues Krafttier geschenkt bekommen. Dazu sei gesagt: Es ist nicht mehr so wie in alten Zeiten, dass nach langer Visionssuche (inklusive kleinem Sterben) ein Krafttier erscheint, das euch ein Leben lang begleitet. Es mag vielleicht sein, dass es für euch ein Krafttier gibt, das euch besonders nahezustehen scheint, aber wisst, dass dieses Echos aus vergangenen Leben sind. In dieser Neuen Zeit habt ihr viele Leben in einem, und so wechseln sich auch die Krafttiere ab.

Ihr habt nun das Tier erhalten, das euren neuen Wegabschnitt, den ihr gerade begonnen habt, am besten unterstützen, begleiten und stärken kann. Für diejenigen unter euch, für die das ein neuer Begriff ist: Krafttiere kommen aus der schamanischen Welt und Wissenschaft. Sie sind Symbole für die Verbindung mit GAIA und der Lebenskraft. Da jeder Mensch mit der Lebenskraft verbunden ist, verfügt auch jeder über ein Symbol für diese Verbindung. Das Krafttier, das dir erscheint, ist die Ausprägung, in der du deine Verbindung mit der Lebenskraft leben kannst. Sobald du diese Aspekte verinnerlicht hast, wird es sich verabschieden und Platz machen für einen neuen Aspekt, in dem deine Lebenskraftverbindung dann schwingt. Und so erhaltet ihr viele Krafttiere, für manche kommt in diesem Leben ein ganzer Zoo zusammen (Zwinkern).

Gott zum Gruße, ich bin Saint Germain, und ich liebe die Menschheit – aus gutem Grund.

Anmerkung der Autorin:

Es ist schon faszinierend, wie sehr sich das Gefühl der Verbindung unterscheidet, je nachdem, mit wem man Kontakt aufnimmt. Die Verbindung mit meinem Höheren Selbst empfinde ich immer als besonders liebevoll und einfach nur wohltuend. Als ich das erste Mal bewusst mit GAIA in Kontakt getreten bin, konnte ich sofort etwas Altes, Wissendes, Gewichtiges und, ja, „Erdiges" spüren. Mütterlich, erfahren und sehr respekteinflößend kam sie mir entgegen, und ich habe viel gelernt.

Auch hier war es wieder so, dass mit der Übung die Verbindung leichter hergestellt werden konnte, und so kann ich heute ganz leicht, einfach mal zwischendurch, mit GAIA Kontakt aufnehmen. Ich tue das besonders gerne, wenn ich mit meinen Katzen spiele oder kuschele. Natürlich ist es auch schön, draußen in der Natur zu sein, unter einem Baum zu sitzen und dann Verbindung aufzunehmen. Doch ich tue es in dem Bewusstsein, dass es eine Art von vielen ist und kein „Muss". Genau das liebe ich an dieser Neuen Zeit: Dass wir ganz viele Dogmen loslassen können und alles einfacher und leichter wird. So auch hier.

Gaia und ihr Team (Kryon)

Ich bin KRYON vom magnetischen Dienst. In tiefer Liebe und Wahrheit bin ich gekommen, begrüße euch aufs Herzlichste und freue mich, so viel wachen Geist, so viele gespitzte Ohren hier versammelt zu sehen. Meine Kinder, ich bin von Herzen gerne unter euch.

Vieles habt ihr bereits gelernt, vieles verstanden, einiges arbeitet noch in euch, aber das wird vergehen und sich setzen, sozusagen wie der Kaffeesatz in einer Tasse. Wie geht es euch damit? Seid ihr manchmal müde und verwirrt? Wir sehen das und tun unser Möglichstes, euch den Aufstiegsprozess zu erleichtern. Damit ihr versteht, wer so alles im Hintergrund wirkt und waltet, soll dieses Kapitel dem Feld gewidmet sein, in dem ihr alle lebt und lernt. Und natürlich wird auch hier das Augenmerk darauf liegen, euch praktische Handlungsanweisungen zu geben, mit denen ihr täglich arbeiten könnt. (Wir haben die Zwischenrufe wohl vernommen – Zwinkern.)

GAIA also. Euer geliebter Heimatplanet. Habt ihr euch jemals mit der Tatsache auseinandergesetzt, dass sie ein fühlendes und denkendes weibliches Wesen ist? Ja, weiblich, als Manifestation der nährenden göttlichen Mutter trägt sie viele weibliche Attribute, ohne die ihr auf ihr nicht existieren könntet. Es gibt auch männliche Gestirne und Planeten, doch dazu an anderer Stelle mehr.

GAIA hat Bewusstsein. Es wird von ihr und euch getragen und geformt. Ihr seid diese Verbindung bewusst einge-

48

gangen, und im letzten Kapitel habt ihr spürbar erfahren, wie stark sie ist. Individuell ganz unterschiedlich. Dieses bewusste Wesen lebt, fühlt und entwickelt sich. Ihr sprecht von Erdzeitaltern. GAIA spricht im übertragenen Sinn von Lebensjahren. Jedes Erdzeitalter ein Lebensjahr. Am Geburtstag wurde ein neuer Aspekt aktiviert, über das Lebensjahr verteilt gelebt, dann verabschiedet und zu Grabe getragen (manchmal wörtlich in großen „Katastrophen", die die Uhr auf null zurückstellen), um dann wieder Platz zu machen für einen neuen Geburtstag und ein neues Lebensjahr. Es ist also an der Zeit, „Happy Birthday" zu sagen, denn das neue Lebensjahr hat gerade begonnen.

„Wo war denn die große Katastrophe?", fragen jetzt viele, und einigen unter euch dämmert es schon: Ihr selbst habt sie verhindert. In der Verbindung mit GAIA habt ihr das Schwingungsfeld so kalibriert, dass ihr alle, geschützt und gebettet in göttliche Mutterliebe, den Übergang wagen konntet, ohne vollständig vernichtet zu werden. Es gab die Möglichkeit, dass dies geschieht, und nicht wenige Propheten aus vielen Zeitaltern sahen dies voraus – doch sie kannten eure Liebesfähigkeit noch nicht. Sie wussten noch nichts von dem Potenzial, das sich vor kurzer Zeit kraftvoll nach vorne geschoben und aufgebaut hat. Und ihr habt es erkannt, die Möglichkeit ergriffen und so aktiv den lebendigen Aufstieg gestaltet. Und jetzt erfahrt ihr ihn.

Spürt einmal hinein – ihr wisst ja jetzt, wie das geht – in die Verbindung mit GAIA und lasst euch erzählen, wie es auch hätte ausgehen und somit für euch enden können, denn ihr hättet das nicht überlebt, und das Zeitfenster hätte sich wieder geschlossen. Nehmt euch jetzt einmal die Zeit nachzufragen, was ihr persönlich dafür getan habt, an das Aufstiegsfeld angeschlossen zu werden. Legt dafür eine Hand auf euer Herz, denkt an Natur, Tiere, den Planeten in seiner bildlichen Form, und dann spürt die mütterliche Kraft von GAIA. Fragt sie, denn sie weiß genau, welches Zünglein an der Waage ihr wart. Spürt die Antwort und dass mit der Antwort alte Muster gehen, alte Speicherungen, die nun nicht mehr vonnöten sind, weil ihr eure Meisterschaft angenommen habt und lebt. Nehmt euch jetzt die Zeit dafür.

Das war der erste praktische Tipp zum Thema GAIA. Geht öfter in diese Nachfrage-Verbindung und erlöst so alte Speicherungen. Es ist zu eurem Wohl (es wird euch spürbar erleichtern und befreien), und damit automatisch für das Große Ganze. Seht ihr, wie leicht und einfach das geht?

Nun wollen wir aber ein wenig über den Tellerrand hinausschauen, GAIA verlassen und uns auf die Umlaufbahn um die Erde begeben, in das große Weltall. Dort wollen wir Ausschau halten, wer denn die Erde begleitet, wer hier das Feld hält und dient. Und was für ein Zufall, hier findet ihr mich (Zwinkern). Ich in meiner Form als Gruppenbewusstsein (ich könnte auch „wir" sagen) habe schon sehr lange die Patenschaft für diesen wunderschönen Planeten übernommen. Ich komme aus einem anderen, längst vergangenen Universum und habe hier, an diesem Platz, eine neue Heimat zum Dienen und Gestalten gefunden. KRYON ist also immer in der Nähe und kümmert sich im Speziellen um Elektromagnetismus, die Zug-Schub-Kraft, die viele Prozesse erst ermöglicht, oder aber auch beschleunigt.

Viele von euch wissen bereits, dass KRYON das Erdmag-netgitter hält und mitgestaltet. Für diejenigen unter euch, für die das Neuland ist: Die Erde ist aufgrund eines rotierenden Kerns magnetisch „aufgeladen" und produziert ein Magnet-feld, das um den Planeten „herumgewickelt" ist (man spricht auch von Ley-Linien). Dieses Feld schützt euch vor Sonnen-wind, hält die Atmosphäre dort, wo sie hingehört, und sorgt mit dafür, dass eine „habitable Zone" entstanden ist, auf der menschliches Leben, wie es jetzt existiert, überhaupt mög-lich geworden ist. Dieses Feld wurde ab der Harmonischen Konvergenz im irdischen Jahr 1987 (nach westlicher Zäh-lung) Stück für Stück von KRYON abgeschwächt, sodass transformierende Energie aus dem Zentrum eurer Galaxie, gebrochen von eurer Sonne, auf die Erde strömen und den Aufstiegsprozess einleiten konnten. Das nur in aller Kürze. Alle Informationen zu diesem Vorgang habt ihr, und sie sind leicht zugänglich.

So wisst ihr nun (manchen war das schon klar wie Kloß-brühe, aber in diesem heterogenen Feld seid ihr durchaus nicht immer auf dem gleichen Wissensstand), dass KRYON die Erde behütet und gestaltet, und somit euch. Ja, ganz ge-nau, euch auch, denn auch in euren Körpern findet Elektro-magnetismus statt. Ihr könntet nicht existieren ohne ihn. Jede eurer Zellen, jedes Molekül eurer körperlichen Materie hat seine Form nur durch ihn. Und so beeinflusst KRYON mit seinem Wirken auch eure Existenz. Gruselig? Oder vielmehr ein schönes Gefühl, nicht alles selbst machen zu müssen? (Zwinkern)

Und hier folgt direkt der nächste, ganz pragmatische Tipp: Macht euch diese KRYON-Lenkungskraft zunutze! Wie ich euch bereits gesagt habe, wirkt sie so oder so. Die Frage ist nur: Lasst ihr euch davon überrollen und überwältigen, fluten und mitreißen (auch das sind geheiligte und geehrte Wege), oder geht ihr es vielleicht ein bisschen schlauer, ein wenig eleganter an und mischt mit in dieser Energiesuppe? Die eine oder andere Löffeldrehung könnt ihr aus eigener Kraft vollziehen, den Rest übernehmen dann wieder wir. Na, wie wäre das? Fangen wir doch gleich einmal damit an.

Hand aufs Herz (dies ist übrigens der Ausgangspunkt für alles, was ihr auf geistig-energetischer Ebene erledigen möchtet, aber das habt ihr vielleicht schon bemerkt) und fühlen. Spürt euch in euren Herzensraum ein, nehmt ihn wahr, erlebt ihn, fühlt ihn, tastet ihn, riecht und schmeckt ihn und tut das Gleiche mit euch in diesem Raum. Macht es euch so richtig gemütlich. Entscheidet, wo und wie ihr Platz nehmen möchtet: Sitzen oder Liegen, auf einem Bett, einem Stuhl, einer Wiese, einer Hängematte. So, wie es euch am besten gefällt. Und dann schaut euch um und denkt an GAIA. Stellt sie euch bildlich vor, bis sie in eurem Herzensraum auftaucht. Sie wird einfach erscheinen. Wir halten jetzt das Feld für euch, damit es leichter geht. Mit ein wenig Übung erschafft ihr dieses Arbeitsfeld dann ganz allein. Und wie er da so vor euch schwebt und rotiert, dieser wunderbare blaue Planet, wird er anfangen zu leuchten, ganz zart am Anfang, und dann immer stärker. Und ihr werdet erkennen, dass es kein diffuses Schimmern ist, sondern die Magnetgitterlinien strahlen und glitzern für euch. Sie machen

sich sichtbar, denn nun sollt ihr euch mit ihnen verbinden. Auch wenn manche von euch schon in die endgültige Rück-Verbindung mit ihrem Höheren Sein eingetreten sind, ist das eine andere, höher schwingende Form der Verbindung, die auch für euch, die ihr gemeint seid (ihr spürt es JETZT, wenn es so ist), lohnend und sinnvoll ist. Also seht die Magnetlinien, streckt die Hände nach ihnen aus und spürt euch in diese Linien hinein.

Jetzt werdet ihr beobachten können (vielleicht dauert es eine kleine Weile), wie diese Linien sich öffnen und silberfadenartig zu euren Händen, euren Fingern hinwandern – und plötzlich in eure Finger hineingewandert sind. Eure Finger und diese Silberfäden, die Magnetgitterlinien, sind eins. Spürt das, nehmt wahr, wie sich das anfühlt, wie die Magnetkraft in euren Händen vibriert. Und ganz langsam, wirklich ganz langsam, wandern die Linien eure Arme hinauf, immer weiter, bis sie an den Schultern angekommen sind. Auch hier machen sie nicht Halt, sondern biegen nur ein wenig ab und machen sich auf den Weg zu eurem Herzen. Ihr spürt, wie sie in euren Herzensraum eintreten und sich in der Mitte zu einem rotierenden Knoten, einem schwebenden, rotierenden Silberball verbinden. Könnt ihr das fühlen? Spürt genau hin. Spürt und seht die Fäden, die aus verschiedenen Richtungen in die Mitte eures Herzens strömen und sich dort zu diesem runden, silbernen Gebilde verbinden und rotieren.

Nun seid ihr auch in eurem Höheren Herzen mit dem Erdmagnetismus verbunden. Macht diese Übung ruhig mehrere Male, es mag ein wenig dauern, bis euer Herz diese Kraft endgültig aufnehmen und verankern kann. Nachgucken, ob der silberne Ball noch da ist, hilft übrigens wenig (Zwinkern). Wenn die Übung abgeschlossen und der Magnetismus integriert ist, wird alles transformiert und aufgelöst und macht Raum für neue Arbeitsobjekte. Also keine Sorge, geliebte alte Seele: Es ist trotzdem geschehen. Frage mich doch einfach, wenn du dir nicht sicher bist (Schmunzeln).

„Ist ja toll, und was fange ich jetzt damit an, KRYON?" Eine gute, berechtigte und auch im höchsten Maße weise Frage. Denn nun kommen wir zum eigentlichen Kern der Übung. In dem Moment, in dem ihr mit der Magnetkraft verbunden seid, die von KRYON gelenkt und geleitet wird, lenkt und leitet ihr sie mit. Mit der Kraft eures höheren, heiligen Herzens. So einfach ist das. Eure tiefsten göttlichen Absichten werden einen Niederschlag finden im Erdmagnetgitter und so zur Klärung, Transformation und Schwingungsanhebung dieses wunderbaren Planeten beitragen. Das glaubt ihr nicht? Nun, dann wird es für eure Wahrnehmung der Realität auch so sein. Geht noch mehr ins Vertrauen, akzeptiert eure Göttlichkeit und versteht, dass euer höheres, heiliges Herz Ausgangspunkt für viel Schöpferisches ist, das ihr schon längst erschaffen und bewältigt habt. Warum sollte also ausgerechnet das hier nicht gelingen? Vertrauen in die Göttlichkeit. Auch eine Lektion dieses Buches, nicht eines einzelnen Kapitels. Aber das habt ihr vielleicht schon bemerkt...

Kehren wir zurück zum Weltall. Wir schweben wieder über der Erde, schauen auf diesen wunderschönen Planeten und können auf einmal die Präsenz von KRYON deutlich wahrnehmen. Ob das vielleicht an der vorangegangen Übung liegen mag? (Zwinkern) Doch neben KRYON sind noch andere vor Ort, nicht wahr? Wen könnt ihr spüren und wahrnehmen, vielleicht bildlich vor eurem inneren Auge sehen? Es sind die Engel, wie ihr sie nennt, die um den Planeten herumflitzen und ihren Dienst verrichten. Auch sie sind Multitasking-fähig! Genauso, wie sie zur Stelle sind, wenn ihr sie anruft (ob bewusst oder unbewusst, spielt hier keine Rolle), sind sie gleichzeitig auch im Feld der Erde, über und um die Erde herum tätig und verrichten ihre Arbeit. Und vielleicht dämmert es euch jetzt: Wenn ihr die Engel anruft und um Hilfe bittet und sie gewähren lasst, wenn sie euch Hilfe angedeihen lassen, leistet ihr erneut Großes und helft der Erde. Unglaublich, nicht wahr? (Zwinkern) Und so einfach. Ruft die Engel, bittet sie, worum ihr sie bitten möchtet, lasst euch die Hilfe angedeihen, und schwupp, ist auch GAIA ein großes Stück weitergekommen. Herrlich, nicht wahr? Man möchte Lobgesänge auf die göttliche Liebe anstimmen – doch das können wir in einem anderen Buch tun, wenn ihr mögt.

Ihr schaut euch noch einmal um, schaut ganz genau hin. Vielleicht, nach einer kleinen Weile und wenn ihr ein wenig Glück habt (das gehört in diesem Fall dazu), werdet ihr Sanat Kumara erblicken, „der" Hüter der Erde, auf ewig mit ihr verbunden (auf Gedeih und Verderb sozusagen – im absolut liebevollen Sinn). Er ist GAIAs Vater, ihre Mutter, ihr Kindergärtner, ihr Schuldirektor, ihr Ausbildungsleiter – und mittlerweile wandern die beiden durchs All wie ein altes, ein wenig grau gewordenes Ehepaar (Schmunzeln). Sie sind perfekt aufeinander eingespielt, und wie ein altes Ehepaar, das sich in tiefer Liebe zugetan ist, müssen sie noch nicht einmal mehr miteinander sprechen, um zu wissen, was im anderen vorgeht. Sie sind eine Einheit: Er ist sie, und sie ist er. Romantisch, nicht wahr?

Die Wärme, die nun euer Herz füllt, kann nur im Ansatz wiedergeben, in welcher Tiefe diese Verbindung besteht, in welcher Wärme und abgrundtief bedingungslosen, göttlichen Liebe. „Sanat Kumara" ist lediglich ein Titel, die Berufsbezeichnung für denjenigen, der GAIA unter seinen Fittichen hält, dahinter steht eine Wesenheit, die einen eigenen Namen hat. Wer das genau ist, soll an anderer Stelle enthüllt werden, wenn die Zeit dafür reif ist. (Meine Partnerin fragt gerade neugierig, wann es denn so weit wäre und ob sie das noch erleben würde – nun, erleben wird sie es, ob allerdings in dieser irdischen Inkarnation, ist nicht sicher.)

Dieser Sanat Kumara in seiner tiefen Verbindung weiß alles, was GAIA weiß, hat alle Speicherungen aufgenommen und verinnerlicht, gibt sie jedoch gelöst von der Lebenskraft eurer Natur wieder. Vielleicht möchtet ihr einmal in einer „Draufschau" Dinge wissen und hören, die ihr in euren unendlich vielen Inkarnationen gelebt und erfahren habt? Ihr habt jetzt die Möglichkeit dazu. Frei von GAIA-Prägungen, eingebettet in das kosmische Große Ganze, könnt ihr euch anschauen, was ihr über eure Erdinkarnationen wissen wollt, und euch praktische Tipps holen, wie ihr auflösen könnt, was ihr zu transformieren sucht. Ruft Sanat Kumara (die Hand auf dem Herzen ist auch hier wieder hilfreich) und fragt, was ihr fragen möchtet. Wir lassen euch in dieser sehr privaten Unterredung gerne allein. Ihr habt jetzt die Zeit dafür.

Nun, wie war es, dem All-Wissen über euch selbst so nahe zu sein? Mit dem Hüter der Erde zu sprechen? Nutzt diese Verbindung, so oft es euch guttut, gebt den Impulsen nach und geht ins Gespräch. Sanat Kumara ist auch, und ganz besonders, wegen euch hier, er dient euch von Herzen gern. So wie wir alle „hier oben".

ICH BIN KRYON, und ich liebe die Menschheit.

Anmerkung der Autorin:

Mir fiel es anfangs sehr schwer, zu „verdauen" und zu akzeptieren, dass ich vermeintlich kleines und unbedeutendes Menschlein dazu beigetragen haben soll, den Aufstieg ins Neue Zeitalter zu ermöglichen. Das war eine ganz merkwürdige Vorstellung für mich. GAIA, mein Höheres Selbst und viele meiner geistigen Freunde haben mir dann des Öfteren (selbstverständlich absolut liebevoll) die Leviten gelesen (ich spüre sie schon wieder schmunzeln), und so gaaaaanz langsam konnte ich häppchenweise schlucken, dass es genauso ist. Jeder von uns war das Zünglein an der Waage. Völlig (ich sage das jetzt mal ganz salopp) abgefahren!

Die Verbindung mit Sanat Kumara kann ich nur wärmstens empfehlen. Mich hat er ein ganzes Stück auf dem Weg begleitet, mir viele Fragen beantwortet und so manches Mal aus seiner „Helikopterperspektive" mein Mütchen gekühlt, wenn mich das irdische Sein mal wieder völlig umgetrieben hat. Ganz weise, ruhig und besonnen... Eine sehr friedvolle Form der Verbindung, die ich sehr genossen habe. Mittlerweile arbeite ich mit anderen geistigen Freunden enger zusammen, und Sanat Kumara ist (für mich) ein wenig in den Hintergrund gerückt. Aber so ist das: Es ist immer genau der zur Stelle, der für den aktuellen Wegabschnitt gebraucht wird. Und so wird auch Sanat Kumara für mich wieder zur Stelle sein, wenn es nötig werden sollte. Ein schönes Gefühl.

Gelebte Liebeskraft in der Verbindung mit den Vielen (Mutter Maria)

Geliebte Kinder, ich bin MUTTER MARIA. Wenn es um Liebesdinge geht, werde ich oft mit meiner Energie der göttlichen Mutter hinzugebeten. So ist es auch jetzt. Ich freue mich, so viele von euch versammelt zu sehen. Ihr habt alle eure energetischen Terminkalender aufgeräumt und diese Verabredung eingehalten. Das war eine gute Idee (Zwinkern).

„Die Liebe ist eine Himmelsmacht", besagt ein Sprichwort, das ihr nur zu gut kennt. Euch fällt in diesem Zusammenhang auch gleich die Aussage ein, die Liebe würde eher zum Leid anderer beitragen und sich in Eifersüchteleien ergehen. Das ist eine egoistische Liebe, die danach trachtet, zu besitzen, anstatt einfach nur zu sein, in dem göttlichen Bewusstsein, dass alles eins und die innige Herzensverbindung zu einem Menschen, einer Seele, ein großes Geschenk ist. Doch um diese Liebe soll es heute nicht gehen. Wir sprechen hier und jetzt von der selbstlosen Liebe für die Vielen.

Für manche von euch erscheint das zunächst ein wenig kryptisch. Es fehlt der direkte Ansatzpunkt. „Was meint sie bloß damit?", mag sich der eine oder andere fragen. Es mag diejenigen geben, die diese Liebe mit Mitleid gleichsetzen, das ihr empfindet, wenn in euren Nachrichtensendungen von Katastrophen am anderen Ende des Erdballs die Rede ist und ihr traurig werdet beim Anblick der vielen Menschen, die dort leiden und darben. Doch auch Mitleid ist hier nicht gemeint. Es geht um eine völlig selbstlose, nicht wertende, im göttlichen Bewusstsein verankerte Form des Mitgefühls. Eine andere Ausprägung des Mitgefühls, mit dem viele von euch schon vertraut sind und es aktiv leben. Eine andere Art.

Dafür müsst ihr zunächst einmal erkennen, wer oder was ihr im Kern, im Grunde eurer Existenz, heruntergebrochen auf die Grundmauern sozusagen, wirklich seid. Wer oder was seid ihr? Sternenstaub? Energie? Abspaltungen von der Quelle? Ja, das alles seid ihr. Ihr seid körperlich aus Sternenstaub gemacht (Kohlenstoff könnte man auch profan sagen, aber das glitzert in der Vorstellung nicht so schön, nicht wahr?) Eure geistige Schwingungsexistenz (das, was ihr „Seele" nennt) ist pure Energie. Und natürlich seid ihr alle ein Stück, eine Abspaltung der großen, unerschöpflichen Quelle, der letztlich und endlich alles entspringt und wohin es wieder zurückkehrt. Und doch fehlt noch ein Aspekt, um euch in eurer Existenz zu beschreiben. Ein Quäntchen fehlt noch. Wisst ihr, worauf ich hinaus will?

Es geht um den menschlichen Aspekt eures Seins. Ihr seid Menschen, in menschlichen Körpern geboren, mit menschlichen Speicherungen versehen und menschlichen Lektionen und Aufgaben beladen. Ihr kommt alle vom gleichen Punkt. Nicht nur, dass eure Körpersysteme durch die Verbindung mit der DNS von den Plejaden alle gleich geprägt wurden und so ein Sternenerbe in sich tragen (alle eure Körper, ohne Ausnahme!), eure energetische Existenz trägt auch eine gemeinsame GAIA-Prägung, die ihr euch alle in den vielen Leben auf diesem Planeten erworben, vertieft und verfeinert habt. Für alle, die es noch nicht wussten: Ihr alle, die ihr diese Zeilen lest, hattet bereits unzählige Leben und Lernerfahrungen auf diesem Planeten. Ich weiß, wer in dieser Runde sitzt und lauscht (Lächeln).

Zurück zum Thema: Ihr seid alle aus demselben Holz geschnitzt. Physisch und energetisch. Historisch und im Hier und Jetzt. Ihr seid alle dieselben. Fühlt sich merkwürdig an, nicht wahr? „Warum ist mein Nachbar dann ein solcher Idiot?", mag sich mancher jetzt denken. „Warum kann ich meinen Chef nicht leiden, wenn wir uns doch so ähnlich sind?", fragt der Nächste. „Warum tun sich Menschen schreckliche Dinge an, wenn sie doch alle gleich sind?", lautet bei vielen von euch einhellig die drängendste Frage. Weise gesprochen, meine Lieben.

Nun, wie bei vielen Dingen, gilt auch hier: Ihr tragt zwar dieses Erbe, und es ist faktisch präsent und nutzbar, doch ihr nutzt es nicht. Ihr habt auch hier in einem verabredeten „downgrading" eurer Schwingung dafür gesorgt, dass dieses Wissen verlorengeht, dass ein Abstandshalter dazwischen kommt, wie ein Rammbock, damit ihr auf niederer Schwingungsebene weitere Erfahrungen zu eurem Erfahrungsschatz hinzufügen und so das Bild komplettieren konntet, das ihr erschaffen hattet. Es war ein natürlicher und logischer Schritt, das zu tun, denn letztlich korrespondierte dieses Wissen mit dem Wissen um eure Liebes- und Lebenskraft, von der ihr euch ebenfalls distanziert hattet, um weiter lernen zu können. Und so ist es nur logisch und folgerichtig, diese Verbindung wiederzubeleben, neu zu justieren, zu stärken und aktiv zu gestalten. Es ist JETZT genau die richtige Zeitqualität dafür.

Was genau sorgt dafür, dass ihr aus der Gleichheit herausfallt?

Wertung. Werturteile, wie ihr sie stets und ständig über eure Mitmenschen und, noch viel härter, über euch selbst abgebt. Und das fängt schon im Kleinen an: Wann stehe ich auf und beginne den Tag? Was frühstücke ich? Darf ich Kaffee trinken? Wie viel Sport mache ich? Nach wie vielen Stunden habe ich ein gutes Arbeitspensum absolviert? Was ist überhaupt gute Arbeit? Wonach bemisst sich der Status meines Gegenübers? Welche Kleidung trage ich und welche nicht? Mit welchen Freunden umgebe ich mich am besten und welchen Hobbys sollte ich nachgehen? Was genau liegt im Trend?

Alles Fragen, die eine Wertung implizieren. Ihr wertet. Stets und ständig. Ihr unterteilt eure Lebensrealität in „Richtig" oder „Falsch", in „Gut" oder „Schlecht". Gefühlt gibt es immer mehr vermeintliche Fallstricke, über die man stolpern kann, nicht wahr? Waren es vor 50 Jahren vielleicht die Haarlänge und das Heiratsalter, sind es mittlerweile schon die Ernährung und die Häufigkeit der Sexualkontakte mit dem Partner. Immer tiefer ins Private geht diese Wertung. Selbst ein Privatleben zu haben und dieses nicht jedem offenbaren zu wollen, löst Wertung aus.

Wie werden diese Prozesse gesteuert? Nun, es gibt in eurer Lebensrealität eine Wissenschaft, die darauf ausgerichtet ist, in euch Menschen Bedürfnisse zu wecken oder gar zu erschaffen, um euch dann Konsumprodukte anzubieten, mit denen ihr diese erfüllen könnt. „Marketing" heißt das

Stichwort. Das „moderne" Marketing („modern" deshalb in Anführungsstrichen, weil ein uraltenergetisches Konzept zugrunde liegt) suggeriert euch eine Scheinrealität, in der es notwendig ist, sich stets den anderen anzugleichen. Den anderen, die alle, so wird es euch zumindest suggeriert, bereits in dieser Scheinrealität leben und so glücklich damit sind. Und glücklich sein wollt ihr doch alle, nicht wahr? Und da ihr instinktiv spürt, dass es eine Verbindung geben muss zwischen euch und den anderen Menschlein auf diesem Planeten (so wach ist dieses Erbe nämlich noch), tut ihr fast schon verzweifelt alles, was die moderne Industrie und ihr Marketing euch suggerieren. Kauft das Müsli, speichert eure Privatsphäre in einer Datenwolke, tragt die Kleidung, geht in das Restaurant, macht den Urlaub, fahrt das Auto – was halt alle anderen auch machen. Aber ist es nicht vielmehr so, dass ihr euch ständig neue vermeintliche Löcher in euer Herz reißen lasst, die ihr mit all den erwähnten Dingen und noch vielen anderen Sachen, Erlebnissen und Beziehungen zu stopfen versucht? Und seid ihr dann dem Ziel der Angleichung wirklich nähergekommen? Natürlich nicht, denn sobald ihr erfüllt, was das Bedürfnis möchte, wird ein neues Bedürfnis kreiert, und ihr fangt von vorne an. Frustrierend, nicht wahr?

Was dieses Lebenskonzept in der Tiefe bewirkt, ist eine dauerhafte Separierung von allen anderen Menschen. In dem Wahn, alle diese geschaffenen Bedürfnisse zu erfüllen, fangt ihr an, zu vergleichen. Wie weit sind die anderen? Was haben, besitzen, tun und erleben sie? Sind sie besser oder schlechter in dieser Scheinrealität angekommen? Und sofort beginnt ihr zu werten. Im Zweifel abzuwerten, denn das gibt euch das Gefühl, gut zu sein, so, wie ihr seid. Wenn ihr im Vergleich besser dasteht als euer Gegenüber, entspannt ihr euch und lächelt. „Ich bin gar nicht mal so schlecht", denkt ihr dann und begreift nicht, dass ihr gerade wieder eine Trennlinie zwischen euch und dieser anderen Existenz gezogen habt, die euch doch bis aufs Haar gleicht. Ihr seid aus demselben Holz geschnitzt. Vom selben Schrot und Korn. Es ist an der Zeit, das nun zu erkennen. Ihr seid kurz davor, es gemeinschaftlich zu tun, und natürlich gibt es Kräfte, die genau das verhindern wollen. Sie haben sehr von eurer Separierung profitiert. Und so tun sie alles dafür, dass es auch so bleibt.

Warum meint ihr, werden immer schneller neue Konsumprodukte auf den Markt geworfen? Warum wechselt die Modekollektion mittlerweile viermal im Jahr? Ja, auch mit diesen Dingen beschäftigen „wir hier oben" uns regelmäßig (Schmunzeln). Um euch bei der Stange zu halten, geliebte Kinder. Ihr sollt keine Zeit und keinen Atem haben, aufzuwachen und zu erkennen, dass diese Realität, in der ihr euch bewegt, eine Illusion ist. Dass das Gefühl der Trennung eine Illusion ist. Das sollt ihr auf keinen Fall erkennen. Die gute Nachricht: Ihr tut es doch! Jetzt ist der Zeitpunkt gekommen, euch im großen Miteinander wieder zu vereinen und diese Verbindung zu stärken, die immer Bestand hatte, nur ein wenig inaktiv war.

Es fängt im Kleinen an. Wie schon meine Vorredner (meine Nachredner im Übrigen auch) gesagt haben, fängt es auch hier damit an, in euer Herz zu fühlen.

Und so lege nun, du kennst das mittlerweile, eine Hand auf dein Herz. Schließe die Augen und fühle dein Herz. Während du in dein Herz fühlst, wirst du ganz leicht in deinen Herzensraum hineingleiten, ich helfe dir jetzt dabei. In deinem Herzensraum bist du, dein Höheres Selbst und GAIA, deine geliebte Mutter Erde. Du und dein Höheres Selbst, ihr nehmt euch nun an die Hand und verschmelzt miteinander. Nehmt euch dafür die Zeit, die ihr braucht. Mit ein wenig Übung geht es leichter, also übe. Ich helfe dir, in die Verschmelzung hineinzukommen.

Nun, wo ihr so liebevoll miteinander verbunden seid, betrachtet euch diesen wunderbaren Planeten, der in deinem Herzensraum rotiert. Ist er nicht wunderschön? Glitzernd und funkelnd und wunderbar blau.

Während du in der Betrachtung versunken bist, bemerkst du, dass viele kleine „Figuren" auf dem Planeten auftauchen, lauter Menschlein, Lichtgestalten, die auf GAIA präsent sind. Und was siehst du als Nächstes? Sie halten sich alle an den Händen, bilden eine gewaltige Menschenkette, ein Netzwerk aus gehaltenen Händen, das sich um den ganzen Planeten spannt. Fühle es, fühle die Liebe, die dieser Verbindung entspringt, lass die Tränen fließen und den alten Schmerz gehen, der sich jetzt zeigt. Lass ihn los und aus deinem System fließen.

Du spürst gerade, wonach du dich zeitlebens gesehnt hast, ohne es benennen zu können. Verbindung, eins sein mit der Menschheit und Allem-was-ist. Das ist die Neue Zeit. Spüre die Verbindung. Und dann schaue dich in deinem Herzensraum um. Was ist passiert? Kann es sein, dass überall Türen sind, die deinen Herzensraum öffnen? Schau dir diese Türen an, und du wirst feststellen, dass Lichtgestalten durch diese Türen in dein Herz hereinkommen, zu dir. Sie strecken die Hände aus. Umfasse ihre Hände. Du stellst fest, dass du genug Hände hast, um alle zu umfassen, die sich dir entgegenstrecken. Es sind Menschen mit ebenfalls geöffneten Herzen. Ihr erneuert und bestärkt eure Verbindung, indem ihr sie aus dem höheren heiligen Herzensraum erneut mit Liebe und Kraft verseht. Sei dir der Heiligkeit dieses Augenblicks bewusst. Fühle. Genieße. Du hast jetzt die Zeit dafür.

Zurück im Hier und Jetzt schwingt dieses wunderbare Gefühl noch nach. Kann in diesem Gefühl Trennung sein? Kann in diesem Gefühl Wertung sein? Nein, das hat keinen Platz mehr. Betrachte aus diesem Gefühl heraus einmal deine menschlichen Beziehungen. Wo wertest du? Ist es wirklich von Bedeutung, ob der Kaffee, den dein Kollege kocht, regelmäßig scheußlich schmeckt? Dass der Autofahrer vor dir in gefühltem Schneckentempo unterwegs ist und an der grünen Verkehrsampel nicht schnell genug anfährt? Gehe in das Herzensgefühl der Verbindung mit allen Menschen und betrachte, wie du in Beziehungen lebst. Mit allen Menschen, die dir tagtäglich begegnen. Denn nun wirst du verstehen, dass Beziehungen nicht nur mit Menschen bestehen, die zu deinem privaten und beruflichen Umfeld gehören, sondern auch zu jenen, die entfernt schienen, dir vermeintlich unbekannt und doch so nah sind. Ein spannendes Gefühl, nicht wahr? Ganz neu und anders. Und doch so alt und göttlich und immer da gewesen. Nur verschüttet und verdrängt. Und jetzt wieder ganz nah.

In diesem Gefühl betrachtet auch einmal die Krisenherde auf diesem Planeten, im Speziellen die Menschen, die in ihnen existieren und vermeintlich leiden und darben. Erkennt ihr, dass sie einen großen Dienst leisten? Welchen Mut sie aufgebracht haben, sich eine solche Inkarnation zu wählen, um dem Großen Ganzen zuträglich zu sein? Sie haben es bewusst entschieden, auch, um euch als Menschheit wieder näher zusammenrücken zu lassen. Geht in die Herzensverbindung mit den vielen, und dann ehrt ihren Weg und achtet ihr Schicksal. Habt kein Mitleid. Wenn ihr euch das Gefühl Mitleid einmal näher betrachtet: Es ist nichts als eine weitere Ausprägung der Wertung und Separierung. Wenn ich jemanden bemitleide, habe ich vorher die Feststellung getroffen, dass es mir besser geht. Das ist Trennung. Habt Mitgefühl. Verbindung mit den vielen auf Herzensebene. Fühlt mit und respektiert so den Weg, den die vielen gehen. Und seid versichert, dass so auch euer Weg mitgefühlt und ganz besonders von Herzen respektiert wird. Ihr seid alle eins. Das sollt ihr jetzt begreifen.

Ich bin Mutter Maria, euch in Liebe verbunden. Ich breite meine Arme aus und überschütte euch mit göttlicher Mutterliebe. Jeden Einzelnen von euch, und so die ganze Menschheit. Und das aus gutem Grund.

Anmerkung der Autorin:

Ganz ehrlich: Für mich IST es noch von Bedeutung, wenn der Autofahrer vor mir an der Ampel für mein Gefühl viel zu langsam vom Fleck kommt. Das mit einem halben Augenzwinkern gesprochen, aber ich bin schließlich auch ein Mensch. Meine geistige Family lacht sich regelmäßig kaputt, wenn ich schimpfend wie ein Rohrspatz hinter dem Lenkrad klemme. Mein Fahrlehrer meinte einmal zu mir: „Du fluchst wie ein Bierkutscher!" Ich befürchte, daran hat sich – zumindest was das Autofahren betrifft – nicht viel geändert...

Aber Scherz beiseite. Das Wertungskarussell anzuhalten, ist eine große Herausforderung, und auch hier bediene ich mich sehr gerne der Hilfe meines Höheren Selbst und meiner geistigen Freunde. Trotzdem gelingt es mir oft genug nicht (siehe oben). Übung macht auch hier den Meister, und mittlerweile habe ich mir fast schon eine „Verständnis-Routine" zugelegt, die mir immer dann wieder bewusst wird, wenn ich bei Gesprächen mit anderen deren wertende Positionen erzählt bekomme und feststelle, dass mich dieser Blickwinkel auf andere Personen überhaupt nicht mehr interessiert. Spannend!

Wir bekommen regelmäßig neue Möglichkeiten vorgesetzt, mitzufühlen statt mitzuleiden und Respekt zu zeigen, statt von oben herab zu bedauern. Erwähnen möchte ich hier den Absturz der Germanwings-Maschine in Frankreich, der bei allem Leid der Menschen, die direkt davon betroffen waren, eine überwältigende Welle des Mitgefühls um den ganzen Globus geschickt hat.

Ich bin ganz im Vertrauen, dass wir früher oder später alle erkennen werden, dass wir letztlich und endlich eins sind – auch beim Autofahren. ☺

Das Leben leben, das du wirklich zu leben geboren bist (Kryon)

Ich bin KRYON vom magnetischen Dienst. Ihr kennt mich mittlerweile ein wenig, nicht wahr? Tief seid ihr schon eingestiegen in die Materie, und noch tiefer wollen wir in diesem Kapitel schauen. Denn die Frage, die viele von euch im Kern umtreibt – eigentlich alle, möchten wir sagen, lautet: Wofür bin ich hier? Was ist mein Lebenszweck, der Sinn, der Fokus, der Impuls? Weshalb bin ich jetzt, genau jetzt, zu dieser Zeit, in diesem Körper, unter diesen meinen Lebensumständen hierhergekommen?

Es ist gar nicht wichtig (und für einige von euch jetzt auch noch nicht angebracht), diese Frage jetzt und hier abschließend zu beantworten. Und bevor ihr enttäuscht aufschreit, dann würdet ihr den Rest auch nicht lesen wollen (Schmunzeln), lasst euch gesagt sein: Auch dieses Kapitel enthält erneut Übungen praktischer Art und viele Anregungen, Impulse und überirdische Hintergrundinformationen, die euch den Weg zur Antwort auf diese Frage ebnen und verbreitern können und sollen. Ihr entscheidet, wie umfänglich ihr nutzt, was wir euch anbieten. Also, seid ihr bereit? Gut, dann wollen wir mit der Unterweisung beginnen.

Es gab eine Zeit, die schon so lange zurückliegt, dass sie mit dem menschlichen Verstand nicht zu erfassen ist. Auch in dieser Zeit existiertet ihr schon, jeder Einzelne von euch war schon als Existenz, als Bewusstsein, „unterwegs" und auf der Suche. Ihr wart noch ganz neu, sozusagen ge-

rade erst der Quelle entsprungen, völlig nackt und wissbe-
gierig, ohne prägende Vorerfahrungen und Wissen. Ihr wart
einfach. Kleine Lichtbabys voller Wissbegierde, Vorfreude
und Liebe. Ihr wart nichts als Liebe und konntet auch nichts
anderes sein. Doch ihr wolltet lernen, mehr erfahren, wissen, wie es sich anfühlt, zu existieren, in ein Konstrukt mit
anderen Existenzen zu gehen, zu interagieren, Erfahrungen
zu sammeln und sie dann wieder dem großen Allbewusst-
sein hinzuzufügen. Also zogt ihr aus und begannt, zu lernen.
Viele Leben lebtet ihr, nicht nur hier auf der Erde. In vielen
verschiedenen Universen wart ihr unterwegs, auf vielen verschiedenen Existenzebenen. Fielt hin und standet wieder
auf. Saht andere fallen und reichtet ihnen die Hand. Erfuhrt
eine Seite der Medaille und wolltet danach auch die andere
Seite kennenlernen. Lebtet ätherische Existenzen und wolltet dann wissen, wie es ist, körperlich zu sein, physisch be-
schränkt und manifest. Ihr wart Gruppenbewusstsein und
Einzelexistenz, mit freiem Willen versehen und gleichge-
schaltet. Ihr wart Pflanze und Tier, Licht und Schatten, Körper und Formlosigkeit, hier und dort, überall und nirgends.

Ich sage das so pauschal, weil es genauso ist. Ihr wart
(fast) alles, was ihr im jetzigen Seinszustand sein konntet.
Was fehlte, war der Schlussstein. Der Punkt, der den Satz be-
endet. Der eine Schritt, der den Kreislauf schließt und euch
auf die Reise nach Hause schickt. Weiter katapultiert auf den
Weg zur Quelle. Der Ruhe bringt in die Rastlosigkeit und
euch ausatmen lässt.

Einige spüren es bereits, und dreimal dürft ihr raten,
was jetzt kommt: Für die meisten von euch ist genau dieses

„Schlussstein-Leben" jetzt da. Ihr werdet es spüren, genau JETZT, wenn es auf euch zutrifft. Den anderen sei gesagt: Auch ihr lest diese Information nicht ohne Grund. Auch ihr steht kurz davor, es fehlt nicht mehr viel. Und ihr bekommt jetzt genau diese Information, um euren Fokus zu justieren. Also lest aufmerksam weiter, es ist auch (gerade) für euch bestimmt. Ihr Abschlusskandidaten seid bereits mittendrin, diesen Punkt zu setzen, die letzten Hausaufgaben zu machen und alles zu Ende zu bringen.

Habt ihr euch manchmal gefragt, warum scheinbar bestimmte Erkenntnisse gefühlt so schwer zu euch kommen? Ihr dreht euch vermeintlich in Endlosschleifen um Mechanismen, die eurer nicht mehr würdig sind, spürt, dass euch etwas verlassen will, und doch könnt ihr es nicht erkennen, es nicht beim Namen nennen. Ihr wisst, dass es ein universelles Gesetz gibt: Sobald ich eine Erkenntnis erlangt habe, kann ich loslassen. Alles weitere transformiert sich quasi von allein. Wie der Dämon, der seine Macht verliert, wenn man ihn beim Namen nennt. Oder Rumpelstilzchen (Zwinkern). Manches geht ganz schnell und einfach, und ihr seid es gewohnt, dass eure Weisheit und Klarheit, die ihr euch bereits erarbeitet und erkannt habt, sehr schnell anzeigen, welcher Mechanismus für welche Speicherung steht, wann ihr diese einverleibt habt, und wie ihr sie jetzt loslassen könnt. Wie Fettaugen auf der Suppe schwimmen die Dinge ganz leicht oben und können einfach abgeschöpft werden.

Doch gerade jetzt, in dieser besonderen Zeitqualität, scheinen diese Mechanismen manchmal zu versagen, nicht wahr? Ihr nickt, wissend, traurig, aber auch ein wenig beruhigt, dass ihr nicht die einzigen Menschenseelen auf der Welt seid, denen es so geht. Oh nein, meine geliebten Kinder, ihr seid wahrlich nicht die Einzigen! Atmet tief ein und aus und lehnt euch ein wenig zurück. Wir kommen nun zur Unterweisung, warum die Dinge so sind, wie sie sind – oder sollte ich besser sagen, warum sie scheinen, wie sie scheinen? (Zwinkern)

Es geht für die meisten von euch um die letzten Hausaufgaben, die zu erledigen sind. Man könnte auch von der letzten Prüfung, der Meisterprüfung, sprechen, doch ich möchte vermeiden, dass ihr zu sehr in die Wertung geht. Über alle Maßen erhöht habt ihr euch in vielen Existenzen, also bleibt entspannt am Boden. Wir sprechen von Hausaufgaben. Mehr ist es auch nicht. Ihr kennt und versteht bereits diesen Mechanismus des Ein- und Ausatmens, des Erschaffens und Ergründens, des Aussäens und Erntens. Nichts anderes ist das hier. Alle Speicherungen, die ihr erkannt, gelöst und transformiert habt, gehören zu einem der vielen Kreisläufe, die ihr irgendwann einmal begonnen habt. Eine Handlung führte zu einer Erkenntnis, Erkenntnis wurde Gewissheit, Gewissheit wurde Zellspeicherung, wurde Teil eurer allumfassenden DNS. Überall spür- und abrufbar.

Diese Erkenntnisse lösen sich jetzt, und es wird Zeit, sich davon zu befreien, da sie für die Existenzebene, die ihr jetzt erreicht, nicht mehr dienlich sind. Sie verlassen euch eine nach der anderen. Und so ist es nur logisch und folgerichtig, dass ihr euch derzeit in einem großen Transformationsmodus befindet. Ihr bekommt viel gezeigt, viel geschenkt, es wird vieles erlöst. Und das ist, wie meine Partnerin es gerne formuliert, ein bisschen wie Zwiebeln schälen. Eine Schicht nach der anderen wird gelöst und transformiert, und dann kommt die nächste. Bis herunter auf den Kern schält ihr die Zwiebel ab (hoffentlich möglichst duftneutral – Zwinkern). Nun seid ihr beim Kern angekommen. Was jetzt noch fehlt, um das Bild eurer Ausgangslage perfekt und rund zu machen, ist der Aspekt, dass es viele Zwiebeln sind. Ihr habt nicht nur eine. Viele Existenzaspekte habt ihr euch erarbeitet, erfahren und erlebt, und alle diese Aspekte des Seins bilden jeweils eine Zwiebel. Das beantwortet vielleicht auch die Frage des einen oder anderen unter euch, warum man vermeintlich immer wieder an den Kern kommt: Es ist nicht derselbe, geliebter Schatz. Es ist ein anderer, und auch wenn er sich genauso „kernig" anfühlt wie der Kern davor, beleuchtet er doch einen anderen, völlig eigenständigen Aspekt deines Seins.

Das sind eure letzten Hausaufgaben, meine Kinder: Zwiebelkerne freilegen. Und so langsam dämmert die Erkenntnis in euch: Es könnte doch sein, dass sich die Zwiebelhäutchen nach Tiefe und Kraft des jeweiligen Erkenntnisaspekts staffeln, oder? Dass eventuell in der Tiefe liegt, was euch auch tiefer geprägt hat als die Dinge, die mehr an der Oberfläche lagen, nicht wahr? Und ist nicht auch das göttliche Liebe und Gnade? Ihr durftet leicht beginnen, als ihr euch entschlossen hattet, Kreisläufe abzuschließen und in eurem Existenzfeld aufzuräumen. Ihr durftet Dinge erkennen, die nicht so komplex und schwierig zu ergründen waren, aber euch schon ein Gefühl ermöglichten, wie es ist, wenn man sich von altem Plunder löst. Befreiung spürtet ihr bereits ab dem ersten Schritt, nicht wahr? Und je mehr von euch ergründet und gelöst wurde, desto geübter wurdet ihr, desto mehr Häutchen schältet ihr ab, desto tiefer konntet ihr blicken. Ihr wuchst quasi mit euren Aufgaben und wurdet Schritt für Schritt herangeführt.

Meine Partnerin formuliert gerne (sie ist wirklich ein weises Wesen, das muss ich schon sagen – Zwinkern): Kein Gott ist so grausam, dir eine Aufgabe zu geben und nicht im gleichen Atemzug die Werkzeuge, um sie bestmöglich bewältigen zu können. Sie hat so Recht, geliebte Kinder. Nicht, dass auch sie nicht regelmäßig daran zweifeln und damit hadern würde. Doch es ist, wie es ist: Jede neue Herausforderung, die ihr erkennt, ist die Bestätigung dafür, dass ihr die Fähigkeit habt, sie zu bewältigen. Und so ist es auch jetzt. Ihr habt gelernt, bis zum Kern vorzudringen. Ein paar Kerne habt ihr schon erkannt, nicht wahr? Doch, das habt ihr, auch wenn manche unter euch noch nicht so recht daran glauben mögen. Es ist so, wie es ist.

Und so habt ihr nun auch verstanden, worauf KRYON hinaus möchte, nicht wahr? Ihr habt die Fähigkeit, auch diese scheinbar zähen, verklebten Speicherungen zu lösen. Ihr habt sie! Und die Bestätigung liegt ganz klar vor euch: Es ist die Tatsache, dass diese Speicherungen und Muster sich zeigen. So einfach ist es, geliebte Kinder. Oh, wenn ihr doch im Vertrauen wärt, das jetzt anzunehmen und zu erkennen. So leicht würde euch alles von der Hand gehen.

Möchtet ihr einmal schauen, wie weit eure Bemühungen gediehen sind? Natürlich können wir euch kein Gottvertrauen (also Selbstvertrauen) „einimpfen". Aber vielen von euch hilft mit Sicherheit die Erkenntnis und der Anblick dessen, was ihr bereits an Arbeit geleistet habt. Seid ihr bereit, eure

Meisterstücke zu erblicken? Wollt ihr fühlen, sehen und verstehen, wie kurz die Wegstrecke ist, die noch zu gehen ist? Ja? Wirklich? Nun gut, dann wollen wir euch nicht länger auf die Folter spannen (Lachen). Kinder, nehmt es mit Humor, dann geht es leichter. Und ihr mögt im Grunde doch den KRYON-Humor sehr gern, nicht wahr? Also lacht, schmunzelt, und in diesem leichten Zustand schließt die Augen und – dreimal dürft ihr raten, was jetzt kommt.

Legt eine Hand auf euer Herz. Ich höre euch diesen Satz mitsprechen, er ist euch in Fleisch und Blut übergegangen, nicht wahr? (Zwinkern)

Spürt nun erneut dieses kraftvolle, liebevolle, göttliche und heilige Herz, das eures ist. Spürt die Heiligkeit dieses Moments, spürt, dass ihr Götter seid. Spürt es einfach, wertet nicht. Atmet. Verbindet euch. Schwupp, seid ihr im Herzensraum angekommen. Ganz leicht. Euer Höheres Selbst ist da (ihr kennt euch ja mittlerweile schon gut), und vor euch erblickt ihr eine Werkbank aus Holz, Marmor oder Gold, so, wie es euch gut und würdig erscheint. Viele wählen Gold, und ich finde, das sieht sehr hübsch aus.

Auf dieser Werkbank liegen Gegenstände. Zwiebeln! Die alten Zwiebeln sind da! Doch ihr erkennt, dass da noch etwas ist. Zepter vielleicht, Bücher oder Kristalle. Sie liegen ebenbürtig neben vielen, teilweise abgeschälten Zwiebeln. Diese Gegenstände sind Kerne, die ihr bereits transformiert habt. Sie haben euch in die Klarheit eurer Göttlichkeit, Kraft und Macht geführt und sich in etwas transformiert und manifestiert, was euch gemahnen soll, wer ihr wirklich seid. Welche Macht ihr habt, was ihr zu leben und zu leisten imstande seid. Nur zu, nehmt sie in die Hand, es sind eure Insignien der Macht. Fasst sie an, fühlt und betrachtet sie. Spürt, wie eure Liebe und Kraft sich mit diesen Gegenständen verbinden. Es fühlt sich gar nicht fremd an, nicht wahr?

Es ist so schön, euch dabei zu beobachten, geliebte Kinder. Spürt eure Liebe, eure Macht, eure Essenz. Ihr haltet sie in Händen. Und nun lasst den Blick einmal weiterschweifen zu den ungeliebten Zwiebeln. Betrachtet sie genau. Wie viele sind es? Und wie sehen sie aus? Viel ist nicht mehr davon übrig, nicht wahr? Es sind auch nur einige wenige. Vielleicht ist noch die eine oder andere ungeschälte Zwiebel darunter, dann war ihre Zeit einfach noch nicht reif. Aber ihr erkennt, dass in der Masse von Gegenständen die Zwiebeln fast untergehen, nicht wahr? Und noch eins sollte euch jetzt bewusst werden: Diese ungeliebten Zwiebeln sind die Voraussetzung dafür, dass die Gegenstände, die ihr bewundert, manifest sein können. Erst die Zwiebel, dann der Kristall. Erst die Zwiebel, dann das Okular. Erst die Zwiebel, dann das Gewand.

Und in diesem Augenblick der Erkenntnis durchströmt euch die Liebe. Die Liebe für diesen Prozess. Die Liebe für diese unglaubliche Möglichkeit, Klarheit zu erlangen über euren Wesenskern. Ihr, ihr ganz allein, habt euch diese Möglichkeit, dieses Lern-und-Gedeih-Feld, erschaffen. Ihr haltet es. Genießt diese Gewissheit und kehrt ganz langsam und behutsam, so, wie es euch angemessen erscheint, in eure körperliche Präsenz zurück.

Na, meine Kinder, wie war das? Habt ihr viel erkennen und sehen können? Habt ihr euch verbinden können mit den Insignien eurer Macht? Lasst euch nicht entmutigen, wenn es anfänglich noch ein wenig schleierhaft erschien, was da vor euch lag. Übung macht auch hier den Meister. Je öfter ihr zu eurer Werkbank zurückkehrt, desto klarer werdet ihr sehen und erkennen, was dort liegt und vorzufinden ist. Nur zu! Nur Mut! Geht weiter voran und übt.

Zurück zur Ausgangsfrage dieser Unterweisung und zum Ausgangsszenario. Euch dürfte mittlerweile bewusst sein, dass die gefühlte Schwerfälligkeit der Transformationsprozesse durchaus daran liegen kann, dass ihr Kernspeicherungen erreicht habt. Also freut euch vielmehr, anstatt euch zu ärgern. Ihr habt eine Zwiebel abgeschält! Und ihr habt im Erkennen des Prozesses alle Werkzeuge an der Hand, ihn vollumfänglich und zu eurem Besten (und so zum Wohl aller) abzuschließen. Also verzagt nicht! Nutzt die Übung, geht zur Werkbank, betrachtet die fast abgeschälte Zwiebel und was noch von ihr übrig ist. Vertraut den Erkenntnissen, die dabei aufsteigen, sie sind wahrhaftig. Erleichtert euch so das Auflösen der Kerne. Und habt Geduld. Wenn die Zeit reif ist, ist sie reif. Ganz ohne Tun, nur durch Sein. Also macht euch locker, geliebte Kinder (Zwinkern), ihr seid niemals spät dran. Alles ist, weil es ist.

Das Auflösen der Kerne schreitet voran und wird für viele von euch in diesem Leben abgeschlossen sein. Was bringt dieser Prozess nun mit sich? „Meine Lebensaufgabe", sagen jetzt viele von euch, und in Teilaspekten ist das durchaus korrekt. Doch es ist noch viel mehr. In der Auflösung eurer

Kernspeicherungen legt ihr den Blick frei auf etwas Großes, Göttliches, Heiliges und Machtvolles: Ihr erkennt nach und nach, Stück für Stück, die Essenz eurer Existenz. Ihr erwacht in das Bewusstsein, wer und was ihr tatsächlich seid, frei von Schleiern und Prägungen. Ihr erkennt eure Göttlichkeit in vollem Umfang. Ihr erkennt alle eure Besonderheiten, eure göttlichen Gaben, eure speziellen Schwingungsaspekte, mit denen ihr anderen dienen wollt. Ihr erkennt euch selbst.

Manchen von euch kommen die Tränen bei diesem Satz. Lasst sie ruhig fließen, denn beim Weinen wird euch bewusst, dass ihr euch genau danach so lange gesehnt habt, nicht wahr? Oh ja, liebe Kinder, wir sehen es, wir fühlen es, wir sind jetzt ganz nah bei euch. Das ist ein heiliger Moment. Die Erkenntnis, dass ihr eigentlich nur wissen wolltet, wer ihr seid. Die ganze Zeit, in jedem Leben habt ihr versucht, genau das herauszufinden und ohne es zu merken erst dafür gesorgt, dass ihr die wurdet, die ihr jetzt sein könnt: göttliche Wesen, Schöpfergötter, die so vielen dienen können.

Haltet einen Moment inne. Lasst es sacken, wie meine Partnerin gerne sagt. Die Essenz eures Seins, ihr könnt sie erblicken. Und was folgt daraus? Ihr werdet sehen, was ihr zu tun und zu sein imstande seid. Erübrigt sich dann nicht die Frage nach der Lebensaufgabe? Wollt ihr dann nicht sofort tun und sein, was möglich ist? Ihr müsst nicht alle Kerne aufgelöst und abgearbeitet haben, um diesem schöpferischen Drang zu folgen. Ihr könnt jetzt, genau JETZT, beginnen. Nehmt euch den Aspekt, der schon klar vor euch liegt (und ihr alle habt genug zur Auswahl), und fangt an. Lebt diesen Aspekt eurer Göttlichkeit. Wer weiß, vielleicht führt euch genau dieser Weg zum nächsten Kern? (Zwinkern)

Lebt, was klar vor euch liegt. Gebt, was ihr geben könnt. Seid die göttlichen Menschen, die ihr sein könnt. Alles andere ergibt sich wie von Zauberhand von selbst. Vertraut darauf. Ihr seid die Pioniere. Ihr seid besonders beschützt, geführt und geleitet. Also spielt ein bisschen. Probiert aus. Seid in Liebe und experimentiert mit euren LIEBE-vollen Werkzeugen. Zu eurem Wohl, und so zum Wohl aller. In Verbindung. So, wie ihr es in den vorangegangen Unterweisungen gelernt habt. Erkennt euch selbst und lebt das Leben, das zu leben ihr hier seid.

ICH BIN KRYON, und ich verneige mich vor so viel Göttlichkeit. Ihr seid weise und ehrbar. Erkennt das an und lebt danach. JETZT!

Anmerkung der Autorin:

Als Kryon, und insbesondere Saint Germain, mir das erste Mal von meiner Meisterschaft erzählte, von der Macht, die ich habe, von der Göttlichkeit, die auch mir innewohnt, war das ein komisches Gefühl. Einerseits fühlte es sich wahrhaftig und richtig an, andererseits total falsch. Kirchlich geprägt, wie ich nun mal bin, fiel es mir (und fällt es mir in Teilen immer noch) sehr schwer, dieses Bild, dieses Konzept von mir selbst anzunehmen. In der Auseinandersetzung mit dieser Vorstellung gelangte ich schnell an den Punkt zu erkennen, dass es absolut nicht darum geht, sich selbst über andere zu stellen, ins Ego zu gehen und sich überlegen zu fühlen. Ganz im Gegenteil. Ich sehe das Bild von der Meisterschaft als große Herausforderung, als tiefgreifende Verantwortung mir selbst und anderen gegenüber, mein Potenzial weise einzusetzen und mein Leben möglichst vollumfänglich auszuschöpfen, in allen Aspekten, die mir und so auch anderen dienen. Puh, ganz schön starker Tobak!

Zum Glück bin ich Mensch und darf mich ausprobieren, genauso, wie Kryon es eben so schön beschrieben hat. Ich spüre: Ich kann nichts falsch machen, alles ist zur rechten Zeit am rechten Platz. Vermeintliche Fehler führen oft zu tiefen Erkenntnissen und umfassenden Transformationen. Und neben aller Ernsthaftigkeit empfinde ich es auch als Riesenspaß, immer mehr multidimensionale Aspekte in mein dreidimensional geprägtes Leben zu integrieren. Ich versuche einfach, so viel wie möglich von dem auszuschöpfen, was ich in mir entdecke und ergründe – und freue mich schon auf die nächste große Überraschung in der Zwiebel.

Geheiligte Manifestationen
(Metatron, Michael, Kryon)

Ihr Lieben, ich bin MELEK METATRON. Wenn ihr das vorangegangene Kapitel gelesen und erspürt habt, kann es sein, dass ihr gerade ein wenig durcheinander seid – überwältigt und verwirrt, wie mir scheint. Und das ist verständlich aus meiner Sicht, schließlich habt ihr (viele zum ersten Mal) einen Blick auf eure göttlichen Werkzeuge geworfen, auf das, was jetzt schon möglich und einsetzbar ist.

Für viele von euch drängt sich jetzt eine wichtige Frage auf: „Was fange ich bloß mit dem ganzen Kram an?" Es dämmert in euch, es schwelt und brodelt, Echos brechen sich Bahn und durchziehen eure Energiekörper, doch so recht greifen lässt es sich noch nicht, was da möglich scheint, nicht wahr? Nun, dafür haben wir ja dieses Kapitel (Zwinkern).

Hier soll es nun darum gehen, wie ihr an die Gebrauchsanweisungen in eurem Werkzeugkasten kommt, an die Instruktionen, die ihr selbst euch gegeben und auch gut lesbar hinterlassen habt. Allein, es fehlt euch noch die passende Brille dazu. Der Weg des Fühlens soll euch auch hier wieder ans Ziel eurer Wünsche und in die Klarheit bringen und, anders als in den vorangegangen Unterweisungen, fangen wir hier einmal direkt mit dem Fühlen an und besprechen danach, was zu besprechen ist. Seid ihr bereit?

Legt erneut, wie ihr es schon kennt, eine Hand auf euer Herz und schließt die Augen. Fühlt in euer Herz hinein und seht, dass dort erneut (oder immer noch) eure Werkbank steht. So, wie ihr sie beim letzten Mal hinterlassen habt, oder, wenn in der Zwischenzeit noch etwas transformiert wurde, mit weiter abgeschälten Zwiebeln oder gar neuen Gegenständen. Beseht euch noch einmal genau eure Werkbank. Befühlt eure individuellen Werkzeuge jedes für sich. Versucht, ein Gefühl dafür zu bekommen, wofür es da sein könnte, wozu es euch in eurer individuellen Ausprägung als Bewusstsein und göttliches Schöpferwesen dienen könnte.

Habt eure Göttlichkeit im Bewusstsein, wenn ihr jetzt den ersten Gegenstand, der euch ins Auge fällt, in die Hand nehmt. Nehmt den Gegenstand in die Hand, befühlt ihn, nehmt ihn mit all euren Sinnen wahr. Mit den dreidimensionalen (Fühlen, Riechen, Schmecken, Hören, Sehen) und mit den multidimensionalen Sinnen. Eure multidimensionalen Sinne sind komplexer, sie geben euch Informationen als Gedanken oder Gefühle, als Satz, Wort oder Bild. Nehmt alle Sinne, die ihr habt, und konzentriert euch rein auf die Wahrnehmung eures gewählten Gegenstands. Lasst euch richtig Zeit. Versenkt euch ins Wahrnehmen. Hingabe ist das Stichwort. Gebt euch diesem Moment des Wahrnehmens hin, versenkt euch ins Fühlen und Erahnen.

Langsam und behutsam werden Sinneseindrücke zu euch kommen. Vielleicht ein Geruch, nach Holz, Erde oder Salz, vielleicht ein Gefühl, Wärme, Sicherheit oder Klarheit, vielleicht eine Farbe, ein Wort, ein Gedanke. All das soll euch helfen, die „Gebrauchsanweisung" des Gegenstands zu entziffern, den ihr euch gewählt habt. Nichts davon ist kryptisch oder zu schwer *für euch, ganz leicht kommen die Erkenntnisse, wenn ihr euch nur voller Herzenswärme fallenlasst. Ihr erkennt, wozu dieser eine göttliche Aspekt, den ihr euch herausgegriffen habt, dienen kann. Erkennt das an, bedankt euch, legt den Gegenstand nieder und kehrt entweder in euer physisches 3D-Bewusstsein zurück, oder verweilt noch und greift euch den nächsten Gegenstand, den nächsten Aspekt heraus. Ihr werdet spüren, wie es für euch im jeweiligen Moment der Erkenntnis angemessen ist.*

So sind wir zurück in unserer gemeinsamen Schulstunde. Ihr habt das eine oder andere erkannt und ein wenig ergründet, wozu eure persönliche Göttlichkeit jetzt schon in der Lage ist. Was ihr erschaffen, was ihr verschenken, wer ihr sein könnt, vollumfänglich und wahrhaft meisterlich. Also könntet ihr doch eigentlich loslegen, nicht wahr? Und doch hält euch noch etwas zurück. Bei vielen von euch ist es deutlich spürbar, bei anderen ist da lediglich ein diffuses Gefühl, dass es noch nicht rund ist. Nun, um das zu erklären, müssen wir erneut in der Menschheitsgeschichte und so in eurer Historie ein ganzes Stück zurückgehen. Weit zurück in eine Zeit, als ihr eure Göttlichkeit noch nicht verschleiert hattet und ganz selbstverständlich damit gearbeitet habt. Atlantische Zeiten, sagen einige von euch. Das ist korrekt und auch wieder nicht, denn auch an anderen Orten wurde so gewirkt wie an dieser berühmten Stätte. Es gab sozusagen viele verschiedene „Atlantisse" (Zwinkern). Aber in jene Epoche der Menschheitsgeschichte wollen wir uns begeben.

Ihr kennt diese Zeit, wart alle dort (wir sehen, wer hier in der Runde sitzt und sagen euch: Alle waren dort) und lebtet eure Göttlichkeit nach Kräften aus. Ihr spürt, worauf ich hinaus will: Dabei ging manchmal ordentlich etwas „schief". Es passierten Dinge, die nicht mehr allen zuträglich waren, die manipulierend wirkten, Einzelne in den Vordergrund stellten und so die Göttlichkeit der Werkzeuge, die dafür eingesetzt wurden, mit Füßen traten. Wie konnte es so weit kommen? Nun, zum einen gab es Seelen, die einfach spielen wollten. Sie probierten aus, wie weit sie gehen konnten, denn sie hatten noch nicht umfassend verstanden, was Egoismus, Manipulation und Unterdrückung für jene bedeutete, die auf der anderen Seite standen und den Auswirkungen eben jener Aspekte ausgeliefert waren. Diese Erfahrung war ihnen (noch) fremd. Sie dachten sich nichts dabei. Wie Kinder spielten sie mit ihren Spielzeugen und probierten einfach, was möglich war. Und es war eine Menge möglich. Wir wollen hier nicht weiter in diese Energie einsteigen, ihr ahnt, dass das, was geschah, dem Allgemeinwohl nicht gerade zuträglich war. Dabei wollen wir es heute belassen.

Die gleichen Auswirkungen bekamen jene zu spüren, die sich von außen manipulieren ließen. Es soll ganz offen ausgesprochen werden, damit ihr begreift: Schon zu jener Zeit hatten Wesen, die nicht auf der Erde beheimatet waren, Kenntnis von der Göttlichkeit des Menschen und versuchten, sich diese nutzbar zu machen. Mit unlauteren Mitteln, um es einfach auszudrücken. Sie manipulierten, machten Geschenke und Versprechungen und brachten die Menschen dazu, ihre Kräfte so einzusetzen, dass diese Außerirdischen davon profitieren konnten. Diese Wesen wandelten nicht im Licht der

Liebe, waren nur auf ihren Vorteil bedacht und versuchten, vom schöpferischen Licht so viel wie möglich zu bekommen, da sie es selbst nicht leuchten lassen konnten. Auf diesen zwei Wegen wurden göttliche Werkzeuge missbraucht. Von vielen von euch. Nicht von allen, doch das spielt in diesem Zusammenhang keine Rolle. Egal, auf welcher Seite ihr standet, ob ihr manipuliertet oder manipuliert wurdet, ob ihr vernichtetet oder vernichtet wurdet, diese Erfahrung einer „verletzlichen, korrumpierbaren Göttlichkeit" steckt euch noch in den Knochen. Bei manchen tiefer, bei anderen weniger tief. Ihr habt schon einiges an Transformationsarbeit geleistet, und so können wir heute schon auf ein aufgeräumtes Arbeitsfeld blicken, das nur noch wenige Ansatzpunkte für Resonanzen bietet.

Doch diese wenigen Resonanzen sind da. Und genau diese Resonanzpunkte werden jetzt wieder bespielt, sie wurden angeregt in dem Moment, in dem ihr eure Werkzeuge zum ersten Mal erblicktet. Spürtet ihr das da schon bewusst? Einige von euch konnten es wahrnehmen, doch in der allgemeinen Euphorie ging dieses kleine, unterschwellige Gefühl unter. Dennoch ist es da. Und wir wollen heute gemeinsam erörtern, wie jeder Einzelne von euch damit umgehen kann. Es ist euch jetzt sonnenklar: Das macht die Verwirrung über den Gebrauch eurer Werkzeuge mit aus. Auch wenn ihr klarer spürt, wofür ihr sie verwenden könnt, werdet ihr immer zögern, sie einzusetzen, solange die Angst noch schwelt. Ihr seid dann nicht vollkommen in eurer Göttlichkeit, nicht voller Hingabe an den Prozess, der möglich ist. Die Angst hält euch zurück, bringt euch aus eurer Mitte und schwächt so ab, was ihr in die Welt bringen könnt. „Dann nimm sie doch weg,

Metatron", sagen jetzt viele von euch. Nun, geliebte Kinder, so einfach ist es dieses Mal nicht. Vieles konntet ihr in Leichtigkeit und Sekundenschnelle ablegen, musstet noch nicht einmal genau hinschauen, was da gerade geht, doch hier und jetzt, genau in diesem Prozess, geht es darum, präzise zu sein. Klar zu sein. In allen Details anzunehmen, was sich offenbart. Das Geschenk dahinter ist Freiheit und ein klarer Blick auf euch und andere, wie ihr ihn als menschlich Inkarnierte bisher so noch nicht hattet. Doch für diesen Prozess der Erkenntnis soll ein geliebter Freund und Wegbegleiter das Wort übernehmen, und so verabschiede ich mich.

Ich bin MELEK METATRON und segne euch von Herzen. Und das aus gutem Grund.

Ich bin MICHAEL. Erzengel werde ich genannt, doch ich persönlich bevorzuge Bürgermeister. Bürgermeister bin ich, stehe so ein wenig dem Dorf der Menschheit vor und achte darauf, dass die Stadt sauber bleibt. Ihr könnt meine klärende Energie jetzt spüren, und wenn ihr genau hinfühlt, merkt ihr, dass ich bereits begonnen habe, an eurer Wirbelsäule zu arbeiten. Denn darum geht es heute: Arbeiten, Aufräumen, Säubern und dann in den spiegelnden Bodenfliesen Erkennen. Habt ihr Lust? Seid ihr bereit für die große Klarheit? Dann beginnen wir jetzt. Setzen wir uns gemütlich im Kreis zusammen, ganz kuschelig auf den Boden, und besehen einmal, was wir jetzt schon wissen und gelernt haben. Währenddessen fließen die „Saubermann-Energien" weiter durch euren Körper, lasst euch davon nicht stören.

Ihr seid Götter und im Besitz göttlicher Werkzeuge, die euch dienen sollen, damit ihr eure Schöpferkraft auch nutzbar machen könnt. Doch ihr habt Angst, sie einzusetzen. Warum? Nun, einen Teilaspekt hat mein geliebter Freund und Kollege METATRON bereits ausgeführt, doch nun wird es persönlich. Sehr persönlich. Was ich euch jetzt durch meine klärende Energie schicke, ist die Klarheit über den dominanten Aspekt eurer Angst. Es kommt jetzt ein Wort zu euch, das euch mitteilen soll, wovor ihr so große Angst habt, dass ihr euch selbst die Hände bindet und nicht erschafft, wozu ihr hier seid. Das Wort kommt JETZT. Nehmt an, was da kommt, hinterfragt nicht und erkennt als wahrhaftig an, was sich gezeigt hat. Das ist eure größte Angst. Bei vielen kamen die Worte Tod, Verderben, Vernichtung, Manipulation, Elend, Krankheit und noch vieles mehr, das in eine ähnliche Richtung deutet. Ich nenne diese Worte nur, damit ihr auch hier die Angst vor der Wahrhaftigkeit verliert. Es ist wahrhaftig, was euch kam. Glaubt ihr es jetzt? Könnt ihr es jetzt spüren und annehmen? Viele von euch sträuben sich noch zu akzeptieren, dass sie für so etwas verantwortlich gewesen sein sollen. Nun, dann wollen wir jetzt einmal genauer hinschauen.

Schließt kurz die Augen. Die Hand auf dem Herzen braucht ihr nicht mehr, ihr werdet auch so erkennen, was jetzt zu sehen ist. Blickt auf ein Leben, das ihr gelebt habt. Ihr werdet es gleich erkennen, und ihr werdet euch erkennen. Es geht ganz schnell, wie im Vorspielmodus eines Videorekorders erlebt ihr dieses Leben. Angefangen von der relevanten Stelle, als ihr an-

fingt, eure Werkzeuge zu gebrauchen, bis zu eurem Ableben,
das im Zweifel nicht besonders friedvoll war. Und schon ist es
vorbei, und ihr könnt die Augen wieder öffnen.

Erkennt ihr nun, wer ihr seid? Habt ihr je daran gezwei-
felt, auch solche Leben gelebt zu haben? Wäre es denn logisch? Vorausgesetzt, ihr seid Alt-Erdinkarnierte, ist es dann
nicht nur folgerichtig, dass ihr von allen möglichen Erfahrungen immer beide Seiten erlebt habt? Habt ihr wirklich
geglaubt, euer Unrechtsbewusstsein gründet sich auf Hören-
sagen? Nehmt in Liebe an, dass ihr alles seid. Alles, was auf
dieser Erde an menschlicher Existenz möglich war, wart ihr.
Daraus schöpft ihr eure immense Weisheit. Blickt mit Liebe darauf und versöhnt euch mit dieser Erkenntnis. Dieser
Prozess wird bei einigen von euch eine Weile dauern, bei anderen geht es etwas leichter und schneller, je nachdem, welchen Weg ihr für euch als angemessen erwählt habt.

Diese Angst vor zu viel Macht ist eure größte Fußfessel.
Ihr habt Angst, erneut zur Vernichtung beizutragen oder
vernichtet zu werden. Ihr wollt keinen Tod und kein Verderben über die Menschheit bringen, sondern in Liebe und
Demut mit dem dienen, was euch möglich ist und euch mit-
gegeben wurde. Nun, das sollt ihr auch, und es beginnt jetzt.
Nehmt an, dass in diesem Moment, in dem ihr eurer Angst
ins Gesicht geblickt und dem Dämon eure Göttlichkeit ent-
gegengestellt habt, der Loslösungsprozess bereits begonnen
hat. Loslösung von den Mustern und Gedanken, die zu Tod,
Verderben und Manipulation geführt haben. Gedanken des

Wertlos-Seins, des Allein-Seins, der Lieblosigkeit, der Trauer. Seht eure Angst wie einen Sicherheitspuffer. Solange sie da ist, gebraucht ihr nicht oder nicht vollumfänglich, was euch gegeben wurde. Sobald ihr sie aber erblickt und sie mit eurer Göttlichkeit konfrontiert, wird sie sich lösen, und mit ihr alles, was dazu führte, dass diese Angst sich festsetzen konnte: Alles, was die Ereignisse auslöste, die ihr nie wieder erleben wolltet. Ihr werdet sie nie wieder erleben. Es ist schlicht nicht möglich. Pure, klare Logik: Ihr bleibt in der Angst – dann werdet ihr eure Werkzeuge nicht nutzen können. Ihr löst die Angst – dann verschwinden die Mechanismen und Auslöser für das, wovor ihr die größte Angst hattet, direkt mit. Das ist eine besondere Zeit. Das Licht wird siegen. Wir himmlischen Gesandten dürfen ausnahmsweise eingreifen. Und so haben wir – natürlich in Abstimmung mit euch – diesen Bremsschuh eingebaut. Als Erleichterung für euch. Als Sicherheit für den Prozess.

Hilft euch dieser Gedanke? Könnt ihr spüren, dass auch **das** göttliche Liebe und Gnade ist? Wir wollen nicht verhehlen, dass euer Weg kein leichter ist. Ihr seid Pioniere und habt bewusst entschieden, hier zu sein, zu dieser Zeit, an diesem Wendepunkt in der Geschichte der Menschheit. Wir haben Jahr Eins der Neuen Zeit. Das habt ihr ermöglicht, und dafür feiern und segnen wir euch, dafür heiligen und huldigen wir euch. Jeden Tag aufs Neue, zu jeder Sekunde eurer Existenz. Seid aufrecht. Ihr seid fast da. Geht weiter. In dieser speziellen Unterweisung bedeutet das: Blickt euren Ängsten ins Gesicht. Bei jedem Werkzeug hinterfragt, was euch hindern könnte, es vollumfänglich einzusetzen. Erspürt die Angst, ruft mich und all die himmlischen Heerscharen, die euch dienen, hinzu und löst, was da noch schwelt. Befreit euch und schöpft dann mit Leichtigkeit alles, was ihr schöpfen und erschaffen möchtet. Es wird gut sein, liebevoll, hell strahlend und wegweisend. Nichts anderes ist möglich zu dieser Zeit, in dieser Welt, die ihr erschaffen habt.

Jetzt waren wir aber sehr ernst, nicht wahr? Zeit, die Runde ein wenig aufzulockern. Streckt eure Glieder, kommt in unseren Fußbodenkreis zurück, rückt die Sitzkissen zurecht und knufft euch gegenseitig ordentlich die Schultern. Ihr habt viel geschafft! Bürgermeister Michael ist voller Freude und Stolz ob dieser guten Arbeit. Und so verneige ich mich vor euch und wünsche euch einen wundervollen Tag.

Ich bin MICHAEL. Mein Segen begleitet dich, wohin du deine Schritte auch lenken magst. Ich bin bei dir alle Tage.

Und so übernimmt KRYON erneut das Zepter, nicht, um euch weitere Arbeitsschritte für diesen Prozess mitzugeben. Meine Vorredner haben euch wahrhaft göttlich und meisterlich mit allem versorgt, was ihr braucht. Was mir nun ein Herzensanliegen ist (wie alle Dinge, die in göttlicher Liebe geschehen und gesprochen werden): euch die Freude zu vermitteln. Euch erneut spüren zu lassen, wie schön es ist, dass ihr genau jetzt, genau hier diese Erkenntnisse erlangt, diese Wege geht, diese Ängste anblickt und sie transformiert. Seht nicht nur die Schwere und die Trauer, geliebte Kinder. Jetzt wird es doch erst richtig spannend! Wir kommen zum Fun-Part sozusagen (Schmunzeln).

Ihr Lieben, vergesst ihr so leicht, dass Lebensfreude euer oberstes Ziel auf dem Zettel war? Und glaubt ihr ernsthaft, wir hätten nicht in Absprache mit euch dafür gesorgt, dass ihr ganz viel, überbordend viel von dieser Freude spüren könnt? Also gönnt sie euch auch! Genau JETZT ist die Zeit, nach all den Erkenntnissen und Ängsten, zu schauen, was das Geschenk dahinter ist. Freiheit, wurde euch gesagt, steht dahinter. Klarheit. Ein umfassender, tiefer Blick auf euch und andere. Das stimmt alles. Doch was bedeutet es in aller Konsequenz? Dass ihr frei schöpfen könnt! Endlich könnt ihr erschaffen, was auch immer ihr euch wünscht und erträumt. Alles, ich wiederhole, ALLES ist möglich! Weil ihr göttliche Wesen seid! Ihr seid Schöpfergötter, und eure Arbeit beginnt jetzt! Wenn das mal kein Grund zur Freude ist (Lachen).

Also, ihr lieben Kinder, was wünscht ihr euch? Was hüpft in eurem Herzen und möchte ans Licht? Ist es Reichtum? Warum nicht, es ist völlig legitim, Fülle zu manifestieren. Ihr werdet sie ja nie wieder nur zu eurem eigenen Vorteil nutzen. Ihr könnt gar nicht anders, als teilen und verschenken. Es liegt ab sofort in eurer Natur. Also wünscht und erschafft Fülle. Legt das Dogma ab, erkennt auch diese Wünsche als legitim an und erschafft! Wünscht ihr euch ein freudiges Glucksen im Bauch? Meine Partnerin hat vor nicht allzu langer Zeit diesen Wunsch an ihr Höheres Selbst abgegeben, und ich greife ihn hier gerne auf, weil so vieles damit in Zusammenhang steht. Wünscht euch Freude! Und denkt nicht an das „Wie" – ihr seid göttliche Wesen, es wird geschehen! Wünscht euch Kinder, Enkel, glückliche Menschen, sauberes Wasser, glückliche Tiere, wünscht euch eine blaue Hose und ein rotes Hemd, wünscht euch ein gelbes Auto und ein Fahrrad (Schmunzeln).

Haben wir euch genug Anhaltspunkte gegeben? Kehrt die Freude in eure Knochen zurück? Oh ja, wir spüren, wie bei jedem Einzelnen von euch die Eiskristalle des Ernstes und der Angst von der Sonne der Freude aufgeleckt und weggeschmolzen werden. Aaaahhhh, fühlt sich gut an, nicht wahr? Genießt dieses Gefühl, genießt die Freiheit des Erschaffens. Geht freudvoll eure Wege der Erkenntnis, tut freudvoll eure Arbeit und euren Dienst an der Menschheit. Seid im Herzen und aus dem Herzen heraus aktiv.

Geliebte Kinder, mein Segen sei mit euch alle Tage.

Ich bin KRYON.

Anmerkung der Autorin:

Wirklich anzunehmen, was ich alles war, und was ich vor allem alles tat und auslöste, ist nach wie vor eine harte Nuss für mich. Trotz aller „Schattenreisen", die ich auf meinem Weg schon unternahm, trotz allem, was ich bereits sah und als Teil von mir anerkannte, bin ich doch immer wieder erschrocken, wenn sich Aspekte zeigen, die ich so noch nicht auf dem Zettel hatte. Aber wie Michael schon sagte: Es ist logisch, dass es so ist, wie es ist. Mir persönlich hilft der Gedanke, dass ich ja nichts sehe, was „neu" ist, sondern ich erkenne, was bereits war, was bereits da ist, und erinnere mich lediglich daran. Alle „da oben" wissen ja sozusagen schon, was mich ausmacht – und sind „trotzdem" (oder auch gerade deswegen?) liebevoll für mich da. Einatmen. Ausatmen.

Bei aller Schwere gibt es auch ein Gefühl der Erleichterung in mir, dass ich das alles endlich hinter mir lassen und mich befreien darf – von all dem, was mich zwar letztlich und endlich zu dem gemacht hat, was ich jetzt bin, mir aber nicht mehr dienlich ist. Der Gedanke hilft, wenn sich das nächste Loch auftut, in das ich dann hineinhüpfe, um noch klarer wieder herauszuklettern. Zur „Belohnung" wünsche ich mir hinterher mein fast schon traditionelles freudiges Glucksen im Bauch und lasse mich überraschen...

Zeit (Kryon)

Ihr Lieben, ich bin KRYON vom magnetischen Dienst, und es ist an der Zeit, dass ich ein Versprechen einlöse. Zu Anfang dieses Buches wurde euch versprochen, dass wir uns zum Thema „Zeit" explizit zusammenfinden und ihr Unterweisungen dazu erhaltet. Nun, jetzt soll es so weit sein. Meine Partnerin hat sich bereit gemacht, ihr habt die Ohren gespitzt, dann kann es ja losgehen (Schmunzeln).

Was ist Zeit eigentlich? „Eine Illusion!", rufen einige von euch eifrig, und ich muss ein wenig lachen. So viel habt ihr also schon verstanden, dass Zeit nichts ist, was bei uns „hier oben" von Bedeutung ist. Sie ist ein Konstrukt, ein Feld, in dem ihr lernen und euch entwickeln könnt. Doch wozu ist sie eigentlich da? Nun, sie packt euer Leben in eine Linearität, die es dort, wo ihr herkommt, nicht gibt. Dort ist alles hier und jetzt. Alles auf einmal. Für den menschlichen Verstand, so, wie ihr ihn gerade gebraucht, schwer zu erfassen. Alles findet gleichzeitig statt, lediglich auf verschiedenen Ebenen, zwischen denen man hin- und herwechseln kann, man rutscht sozusagen von einer Wolke auf die nächste (Zwinkern).

Für euch, die ihr auf der Erde existiert, gilt das in der Form noch nicht. Ihr kennt Begriffe wie „Zukunft", „Vergangenheit", „Jetzt", „Später", „Damals", „Früher" und ordnet so eure Lebensrealität einer ganz bestimmten Struktur zu. Und das ist auch angemessen so, zumindest war es das bis jetzt. Im derzeitigen Stadium des Schwingungswandels gerät auch diese Limitierung, diese Linearität ins Wanken und verschwimmt mehr und mehr –, und das führt bei euch ab und an zu Problemen, nicht wahr? Es gibt Tage, an denen die Zeit einfach zu verschwinden scheint. Ihr schaut auf eure irdischen Zeitmesser, und es ist schon wieder eine halbe Stunde vergangen, die sich für euch wie fünf Minuten angefühlt hat. Einfach verschwunden, die Zeit. Und dann gibt es Tage, an denen alles ganz langsam geht. In einer gemessenen Zeitstunde erledigt ihr Dinge, für die ihr gefühlt normalerweise mehrere Stunden benötigen würdet. Verrückt, nicht wahr? Warum ist das so?

Nun, zum einen lüftet sich der Schleier zur „anderen Seite" immer mehr, und ihr werdet euch eurer Multidimensionalität mehr und mehr bewusst. Das bringt mit sich, dass ihr anfangt, multidimensional zu existieren, der eine mehr, der andere weniger bewusst. Das bringt wiederum mit sich, dass ihr anfangt, die Zeit zu dehnen und zu schrumpfen. Ja, ihr seid es, die die Tage länger oder kürzer machen, keine, wie auch immer geartete, außerirdische, außermenschliche Macht. Das tut ihr alles selbst. Zum anderen ist es, allgemein gesprochen, so, dass Zeit, dieses Konzept des Existierens, auf diesem Planeten mehr und mehr an Bedeutung verlieren wird. Das ist eine ganz natürliche Entwicklung, die zum jetzigen Zeitfenster einfach dazugehört. Zur jetzigen Schwingungsqualität. Es gibt ja keine Zeit. Und in dieser Phase des Des-Illusionierens, des Verringerns des Abstands zu eurer Göttlichkeit, geht auch das Konzept Zeit, gelinde gesagt, den Bach runter. Sie ist einfach nicht mehr wichtig. Sie hat euch lange genug in Zwänge gepackt und festgehalten.

Kurz erwähnten wir schon den Wahnsinn des Zeit-Sparens, der sich zu immer neuer Perversität aufbäumt. Gerade in der jetzigen hoch technologisierten Gesellschaft werden euch so viele Spielzeuge zum vermeintlichen Zeitsparen angeboten. Doch was tut ihr mit der vermeintlich gesparten Zeit? Ihr stopft sie mit neuen Aktivitäten voll. Gewollt und gesteuert von der Kraft und Macht, die blind für Licht derzeit ums Überleben kämpft und Abstand zu eurer Göttlichkeit manifestieren möchte. Doch die Entwicklung ist nicht aufzuhalten. Ihr könnt und werdet erkennen, welche Schöpferwesen ihr wirklich und wahrhaftig seid und entsprechend handeln. Es ist lediglich eine Frage der, ja, der Zeit (Kichern).

Ich sehe viele verwirrte Gesichter, wenn ich in die Runde blicke. „Warum spricht der von Zeit, wenn sie doch verschwindet?" „Gibt es denn jetzt noch die Zeit oder nicht?" Ihr Lieben, Geduld! Übergangsphasen bringen es mit sich, dass die Dinge nebeneinander existieren, das eine wird mehr, das andere weniger, doch alles zu seiner Zeit. Und da ist es wieder, dieses Wort. Seht ihr, wie es eure Lebensrealität durchdringt, dieses Konzept?

Wir wollen einmal tiefer schauen, was es für euch im Kern bedeutete, im Konstrukt „Zeit" zu sein. Nun, es brachte Linearität mit sich, das sagten wir ja bereits. Es manifestierte auch den Abstand zu eurer Göttlichkeit. „Wie das?", fragen jetzt einige von euch und werden hellhörig. Nun, es lehrte euch, dass eure Zeit, eure Lebenszeit, begrenzt ist. Und so manifestierte es, dass eure Existenz begrenzt ist. Ihr hattet nur eine bestimmte Zeit zu leben und musstet dann sterben. Und damit war eure Zeit vorbei. Darauf gründeten sich viele Konzepte, die euch in Angst hielten: Angst vor dem Sterben, Angst, nicht genug Zeit zu haben, die Dinge zu tun, die ihr eben erledigen wolltet. Es gab euch ein Gefühl von Begrenzung auf vielen Ebenen. Der Tag hat nur 24 Stunden, und es gibt so viel zu tun! Viel tun, wenig sein. Abstand zur Göttlichkeit. Ich sehe, ihr bekommt eine Ahnung, wovon wir sprechen.

Zum anderen bot euch dieses Konzept „Zeit" eine wunderbare Reibungsfläche und Entwicklungsmöglichkeit. Wenn man nicht auf alle Dinge gleichzeitig zurückgreifen kann, muss man sich entscheiden. Ihr konntet nicht sagen: „Oh, jetzt stehe ich an der Weggabelung, dann gehe ich mal den einen Weg und springe einfach bei Gelegenheit auf die andere Zeitschiene, wenn mir das förderlicher erscheint." Das war nicht möglich und ist es auch heute für viele von euch – noch – nicht. Ihr musstet euch entscheiden und brachtet so einen Fokus in euren Lebensweg, formtet ihn, bestimmtet seine Wirkungsweise und seine Zielsetzung und konntet euch so voll und ganz auf eine Marschroute konzentrieren, diesen Weg zu Ende gehen und dann an der nächsten Kreuzung wieder entscheiden. Das machte das Lernen erst einmal einfacher und war absolut angemessen für den Seinszustand, in dem ihr euch über viele Existenzen hinweg befandet. Versteht ihr? Ihr beginnt zu nicken, bei manchen rattert es noch, aber ihr bekommt eine Ahnung. Ich kann euch beruhigen: Eure Seele hat längst verstanden, nur das Tagesbewusstsein, euer Persönlichkeitsselbst, euer Ego braucht noch ein Weilchen. Seid nicht zu ungeduldig, ihr werdet bald vollumfänglich verstehen (Zwinkern).

Nun ist es so, dass sich für einige von euch neue Möglichkeiten beginnen zu manifestieren. Ihr könnt mit der Zeit spielen, sie dehnen und schrumpfen. Manche in dieser Runde tun sich anfangs vielleicht noch ein bisschen schwer damit, aber verzagt nicht: Übung macht auch hier den Meister, und ihr werdet mit ein wenig Mut und Vertrauen in eure Göttlichkeit bald merken, wie leicht es ist und wie viel Spaß es macht, eurem Tag die Zeit zu geben, die ihr ihm geben wollt. Wollt ihr es einmal ausprobieren? Ja? Dann kommt hier die Herausforderung, die „Challenge" des Tages sozusagen.

Stellt euch vor, ihr müsst zu einem bestimmten Zeitpunkt an einem bestimmten Ort sein. Vielleicht müsst ihr morgens den Bus ins Büro erreichen, der zu einer bestimmten Zeit abfährt. Oder ihr setzt euch ins Auto, um irgendwo hinzufahren, und ihr müsst zu einer bestimmten Uhrzeit dort sein. Oder ihr lauft eine bestimmte Strecke (vielleicht von der Haustür bis zur nächsten Kneipe), von der ihr wisst, wie lange ihr dafür braucht. Was genau ist jetzt die Mutprobe? Nun, die Mutprobe besteht darin, geliebte Freunde, ganz bewusst zu spät zu starten. Nach irdischer Uhr so zu starten, dass ihr nach Zeit-Logik einfach zu spät kommen müsst. Für die Fußgänger: Zu eurer Probe kommen wir gleich.

Den Bus- und Autofahrern werden jetzt schon die Hände feucht bei der Vorstellung, zu spät zu starten, nicht wahr? (Schmunzeln) Tut es dennoch, ihr schult damit das Vertrauen in eure Göttlichkeit. Nun startet also „zu spät" und legt kurz, bevor es losgeht, eine Hand auf euer Herz. Das kennt ihr ja schon. Spürt dieses wohlbekannte, kribbelige und warme Gefühl und sagt eurem Bewusstsein aus voller Herzensabsicht: „Ich bin rechtzeitig und pünktlich da." Und dann schaut nicht mehr auf die Uhr und fahrt einfach los. Nicht mehr auf die Uhr schauen, das ist ganz wichtig. Übt euer Vertrauen und lasst diese irdische Zeit einfach mal links liegen.

Die Fußgänger absolvieren die gleiche Übung und sagen sich: „Ich bin heute in fünfzehn Minuten angekommen", auch wenn der Weg zur Kneipe sonst vielleicht 30 Minuten gedauert hätte. Und auch ihr schaut ab diesem Moment, in dem euer Bewusstsein diese Botschaft aufgenommen hat, bitte nicht mehr auf die Uhr. Und dann vertraut, lauft los und feiert einen innerlichen Parteitag, wenn es geklappt hat (Lachen).

Eine echte Herausforderung, nicht wahr? Nun, so sind die Mutproben und Vertrauensübungen, die wir euch gegeben haben, alle strukturiert. Aber ihr wollt doch auch wachsen und mehr von dem nutzen, was möglich ist, nicht wahr? Nun, dann nichts wie raus aus eurer Komfortzone. Probiert es aus und fangt an zu spielen.

Ihr steht am Bahnhof, und es dauert noch eine halbe Stunde, bis euer Zug endlich kommt? Warum nicht die Zeit einfach schrumpfen lassen und dafür sorgen, dass es nur einige wenige Minuten dauert? Ihr habt genau eine Stunde Zeit, bis der nächste Termin ansteht, und es gibt noch so viel zu erledigen? Warum hier nicht ein bisschen dehnen und mehr vom Tag haben? Spielt, übt, und, vor allem: Hört nicht direkt auf zu vertrauen, wenn es beim ersten Mal nicht klappt. Stellt euch kleine Herausforderungen. Fangt im Häuslichen an. Eier hart kochen in einer Minute. Nachtschlaf ausdehnen. Putzzeiten verkürzen. Nehmt die Dinge, die euch direkt betreffen, und arbeitet damit. Spult die lästigen Gespräche mit eurem Chef vor. Dehnt das Zusammensein mit lieben Menschen aus. Übt und spielt. Freut euch an eurer

Göttlichkeit. Ich wünsche euch viel Spaß und viele Momente voller Staunen und Gelächter.

Wollt ihr einmal schauen, wie es ist, zeit-los zu existieren? Viele von euch praktizieren das bereits, doch da dies eine sehr heterogene Gruppe ist, scheint es uns angemessen, diese Übung ganz bewusst durchzuführen. Die „alten Hasen" unter euch machen einfach mit in dem Bewusstsein, dass auch sie diese Schritte einmal zum ersten Mal gegangen und aus dem Staunen nicht mehr herausgekommen sind (Schmunzeln).

So lege denn deine Hand auf dein Herz. Schließe deine Augen und fühle dein Herz. Komme ganz zur Ruhe. Gönne dir diesen einen Moment der Stille. Genieße die Ruhe und den Frieden, der einkehrt. Spüre die KRYON-Energie, die jetzt zu dir strömt, direkt von zu Hause, und dein Feld hält und stabilisiert. Wir rollen den Teppich aus, damit die nun folgende Übung leichterfällt und Vertrauen entsteht. Sei ganz entspannt. Lass das Gedankenkarussell ruhig kreisen, es wird bald von selbst verstummen.

Konzentriere dich auf dein Herz und auf die Verbindung, die zwischen Hand und Herz entsteht. Und nun stell dir wieder einmal dein höheres, heiliges Herz vor. Stell es dir vor und gehe hinein. Schwupp! Das ging schnell, nicht wahr? Erkenne, dass sich sein Inneres verwandelt hat. Was du hier erblickst, ist deine „neutrale Ebene", dein „Nullpunktfeld". Für manche mag es dunkel erscheinen, von Streifen durchzogen, für andere wie-

derum ist es heller, mit kleinen „Bällen", die darüber schweben. Andere nehmen ein riesiges Universum mit „Sternen" wahr. Jeder von euch so, wie es gerade angemessen ist.

Spüre nun, dass du im Zustand der Zeit-Losigkeit angekommen bist. Es ist alles HIER und JETZT. Spüre das. Spüre den Frieden, der daraus entsteht. Die „Streifen", die „Bälle" und auch die „Sterne" sind nichts anderes als deine Lebenspotenziale, Lebenswege, Lebensmöglichkeiten. Manche sind näher, andere weiter weg. Du kannst dich auf dieser deiner zeit-losen Ebene frei bewegen und dir die einzelnen Potenziale betrachten und erfühlen. Du wirst feststellen, manches fühlt sich für dich tatsächlich „näher" an. Diese „Bälle" lassen sich dann leichter betrachten, zu diesen „Sternen" kannst du leichter schweben, auf diese „Streifen" oder „Schienen" kannst du schneller treten. Es sind Potenziale, die für dich schon in greifbare Nähe gerückt sind. Und du kannst nun, in Verbindung mit deinem Höheren Selbst, das natürlich auch anwesend ist (einige von euch haben es bereits bemerkt), erforschen, was du da für dich bereithältst. Ja, du göttliches Wesen. Also, erforsche deine Potenziale, deine möglichen Lebenswege. Du hast jetzt die Zeit dafür.

Nun, wie war das? Hast du verstanden, dass dein Leben nicht zwingend einer Marschroute folgt? Dass du von einer Schiene auf die nächste wechseln kannst, wenn ein Potenzial abgearbeitet ist? Dass es viele Variablen gibt, die mit darüber entscheiden und manifestieren, welche Wege dir offenstehen? Ein großes, wohlwollendes Puzzle ist das, und du hast mehr und mehr die Werkzeuge in der Hand, selbst zu steuern, zu lenken und zu leiten, wohin die Reise gehen soll. Tue es mit Bedacht, aus freiem, liebevollen Herzen heraus und im Bewusstsein deiner Göttlichkeit. Und lebe das, was du wirklich bist: Ein Schöpferwesen, das herabtransformiert ist, um der Erde und der Menschheit einen letzten großen Dienst zu erweisen. Denn das bist du. Ja, du, geliebte alte Seele.

Am Anfang dieses Kompendiums wurde das Thema der Zeit schon kurz angedeutet, doch es erschien angemessen, im Angesicht von so viel Weisheit und Göttlichkeit erneut darauf zurückzukommen und euch die volle Schönheit dieses Konstrukts zu enthüllen. Wir sehen, wie ihr versteht, und das erfüllt unser Herz mit Freude.

ICH BIN KRYON und ich liebe die Menschheit. Jeden einzelnen von euch Meistern, die ihr seid und werdet.

Anmerkung der Autorin:

„Zeit" ist eins meiner Lieblingsthemen, wenn es darum geht, meine Göttlichkeit zu leben und mich auszuprobieren. Als Spielkind, das ich nun einmal bin, habe ich einen Heidenspaß daran, Zeit zu dehnen und zu schrumpfen und mir regelmäßig neue Herausforderungen zu stellen. Ich habe teilweise schon gar keine Geduld mehr, Zeit für Dinge aufzuwenden, die mir weniger wichtig erscheinen.

Auch hier lasse ich mich von meiner Intuition, meinem Höheren Selbst und der „Family" leiten und beraten. Denn manchmal ist es, aus der „Helikopterperspektive" betrachtet, einfach nicht angebracht, Begegnungen abzukürzen oder Erlebnisse auszudehnen. Dann belasse ich es auch so, wie es ist. Natürlich nicht ohne vorherige ausgiebige Diskussion mit meinem Ego, das dann natürlich haarklein wissen will, wieso das mit der Zeit gerade jetzt nicht so klappt, und ob das nicht doch ein Beweis dafür wäre, dass das mit der gelebten Göttlichkeit gar nicht funktionieren kann...

Ach ja, in solchen Momenten spüre ich mein Höheres Selbst wieder schmunzeln.

Musik in deinen Ohren, Musik in dir (Geronimo)

Seid gegrüßt, ich bin GERONIMO, alte Indianerseele und Aufgestiegener. Ich freue mich, dass ihr so zahlreich versammelt seid, und begrüße euch in dieser Runde. Lasst uns am Lagerfeuer beisammen sitzen, die Pfeife und den Becher kreisen und in Ruhe besprechen, was wir noch beitragen können beziehungsweise was ihr noch beitragen könnt, um die Reise des Aufstiegs so angenehm wie möglich zu gestalten. Vielleicht hört ihr Holzflöten spielen, so, wie sie gebaut werden, um eine Braut zu umwerben. Vielleicht hört ihr das Knistern des Lagerfeuers, den Uhu oder das Käuzchen im Wald rufen. Vielleicht hört ihr das Lied der Sterne, die über euch funkeln.

Lasst euch ganz fallen in dieses Gefühl, in diesen Klangteppich, in diese Vision. Wir sitzen am Lagerfeuer und sind so ganz verbunden mit GAIA, der Erdmutter, die alles behütet und uns gibt, was wir zum Leben brauchen. Viele schamanische Traditionen sind überliefert worden, die dabei helfen können, die Verbindung zur Erde und zum Ursprung, zum Universum, zu stärken und zu gestalten. Ein Großteil von euch nutzt sie bereits regelmäßig. Krafttiere gehören dazu. Das Verbrennen von Dingen, die ihr loslassen möchtet, gehört dazu. Das Anrufen der göttlichen Mutter mit Hilfe von getrommelten Gebeten gehört dazu. Heute, in dieser Runde am Feuer, wollen wir uns tiefer mit dem beschäftigen, was ihr alle seid und was seit Anbeginn der Zeit zu eurem Leben gehört: mit Musik, mit Schwingung, mit eurem und dem Lied der vielen.

Ihr alle singt im Chor, ihr seid euch dessen nur oft nicht bewusst. In einem der vorherigen Kapitel wurde euch schon erklärt, dass jeder von euch einen ganz speziellen Ton hat, ein ganz spezieller Ton IST. Ihr sprecht dann von eurer Schwingung. Nun, im energetischen Sinn geht es hier wirklich rein um Amplitude, Wellenlänge und Wellenform, doch in einem poetischen, liebe-vollen Sinn geht es um Musik. Ihr alle seid Musik. Vielleicht wundert ihr euch jetzt, viele von euch erleben Musik nur so nebenbei, hören sie maximal halbbewusst im Radio, auf dem Weg zur Arbeit oder im Bad beim Zähneputzen. Nun, auch hier kommen wir wieder auf den Abstand zu sprechen, den ihr euch geschaffen habt, um weiter „wegzurutschen" von eurem göttlichen Wesenskern. Ihr habt ihn auch zu dem aufgebaut und über viele Leben etabliert, was euch ganz besonders macht: eurem Klang, eurem Lied, eurer Musik.

Musik war lange Zeit etwas Elitäres für euch, die ihr von der europäischen Kultur geprägt seid. Schaut euch Naturvölker wie das meine an: Sie sangen und musizierten schon immer zu Ehren der Erdmutter und ihrer eigenen göttlichen Existenz. Mit jedem Lied, mit jedem Trommelschlag riefen sie sich wieder die Verantwortung ins Bewusstsein, die sie übernommen hatten, als sie auf diesem wunderbaren Planeten inkarniert waren. Sie kannten ihren Ton, ihr Lied. In vielen Völkern war und ist es Tradition, jedem Kind, das geboren wird, ein eigenes Lied mitzugeben. Es wird gesungen zur Geburt, zum Eintritt in die Erwachsenenwelt, zur Hochzeit und schließlich zum Begräbnis, wenn die Seele ins Totenreich entlassen wird. Dieses Lied gehört zum Leben dieser Seele wie ihr Körper. Sie und dieses Lied sind eins.

Es gibt auch Brautwerbe-Lieder. Sie werden erdacht von dem Mann, der eine Frau für sich als Braut erwählt hat und für sich gewinnen möchte. Er schnitzt eine Flöte und spielt dieses Lied, das direkt seinem Herzen entspringt. Er spielt es seiner Braut immer und immer wieder vor, bis sie ihn schließlich erhört. Danach wird dieses Lied nie wieder gespielt. Es ist der Klang dieser neu entstehenden Verbindung und trägt sie in die Festigung hinein, bis beide einwilligen, ihr Leben als Mann und Frau gemeinsam zu verbringen. Es hat mit dem „Ja" der Braut seinen Zweck erfüllt.

Ich könnte euch noch viele Beispiele nennen, in denen Lieder das Göttliche tragen. Fühlt in euer Herz hinein: Klingen dort nicht auch noch die alten Volksweisen? Die Hochzeits- und Erntelieder? Die Weihnachts- und Karnevalslieder? Auch diese Lieder tragen das Göttliche. Das Bewusstsein hierfür ist euch jedoch im Lauf der Jahrhunderte abhandengekommen.

Vielmehr suggerierte man euch (kirchliche und weltliche Fürsten taten dies zuhauf), Musik sei etwas Elitäres. Sie erklärten euch, die alten Volksweisen seien vulgär und nur für den niederen, schmutzigen, ungebildeten Stand gut genug. Sie legten fest, Musik müsse eigens für sie komponiert und noch dazu teuer bezahlt werden, damit nicht jeder daran teilhaben konnte. Die Gesänge in den Klöstern waren den Mönchen und in ganz wenigen Anteilen den Besuchern der Messen vorbehalten – und dort, in diesem Rahmen, wurden sie oft benutzt, um die Menschen in Furcht und Schrecken zu versetzen. Ein aufbrausender Männerchor nach einer drohenden Predigt konnte so manches Bauernherz erschauern lassen. Die vermeintlich schöneren Töne waren wiederum nur in Palästen zu eigens geschaffenen Anlässen zu hören, erdacht von Hofkomponisten, die für die Erstellung der Werke bezahlt wurden und denen oft untersagt wurde, sie je wieder in anderem Rahmen zu Gehör zu bringen. Erst im Lauf der letzten fünf Jahrhunderte begann sich das zu wandeln, einfach und allein aus dem Grund, weil niemand mehr willens war, einen Musikanten und seine Familie aus Gründen der Exklusivität alleine durchzufüttern. So hing der Genuss von Musik einzig und allein vom Geld ab. Volksmusik als solche wurde gering geschätzt und galt als verpönt.

Nun könnte man meinen, das hätte sich in der heutigen Zeit geändert. Musik ist ja scheinbar jedem zugänglich und im Überfluss verfügbar. Aber ist sie tatsächlich näher an euch herangerückt und weniger elitär behaftet? Schaut einmal genauer hin: Die Musik, die euch gefällt, konsumiert ihr, indem ihr sie bezahlt. Die Interpreten dieser Musik, wie nehmt ihr sie wahr? Sind sie nicht Idole für euch? Stellt ihr sie nicht auf ein Podest und himmelt sie an als Übermenschen, denen ihr nahe sein wollt und die euch als Vorbild dienen sollen? „Stars" nennt ihr sie, wie Sterne am Himmel, die hell scheinen und doch so unerreichbar sind. Nebenbei bemerkt, sieht man die Sterne am klarsten in kalten Nächten, allein das sollte euch zu denken geben (Zwinkern). Auch die Musik von Künstlern, die ihre physische Hülle längst gewechselt haben und für euch als verstorben gelten (natürlich sind sie längst neu inkarniert, aber das soll nur am Rand Erwähnung finden), hofiert ihr als etwas, das schwer zu erreichen ist und fern von euch liegt. Den Abstand dazu könnt ihr nur mit Mühe überwinden. Ihr müsst dazu in ein Museum fahren

oder in ein Konzert gehen, das wiederum nur über Eintritts-
karten erreichbar ist, die euer sauer verdientes Geld kosten.
Versteht mich bitte nicht falsch, ich möchte hier niemanden
daran hindern, Konzerte zu besuchen. Ich möchte euch nur
begreiflich machen, dass auch hier wieder ein Abstand zum
Göttlichen gelebt wird, der so nicht sein müsste. Der so nicht
länger sein darf und sich bald auflösen wird. Und ihr könnt
dazu etwas beitragen.

Mögt ihr Musik? Ja, viele von euch mögen Musik, nur ein
kleiner Teil von euch macht sich nichts daraus, ist aber zumindest nicht absolut dagegen. Das ist doch schon mal was
(Schmunzeln). Seid ihr auch neugierig genug, etwas Neues
auszuprobieren? Ganz gemütlich in dieser Runde, am Lagerfeuer unterm Sternenzelt? Ihr könnt nun, wenn ihr möchtet, herausfinden, welches euer Ton, euer ganz persönlicher
Klang, eure Melodiefarbe ist. Und das ist ganz leicht. Ich halte
das Feld für euch.

Schließe nun, wenn du möchtest, die Augen. Lege eine Hand
auf dein Herz. Fühle dein Herz. Fühle es und wie es schlägt.
Nimm deinen Lebenspuls wahr, diesen Trommelschlag, der dir
immer und immer wieder spiegelt, dass du lebst. Höre dieses
gleichmäßige Pochen wie einen Rhythmus, der dein Lebens-
tempo vorgibt. Lass dich ganz in diesen Rhythmus fallen. Viel-
leicht möchtest du dich leicht rhythmisch hin- und herwiegen,
um leichter zu erfahren, wie dein Körpersystem in diesem
gleichmäßigen Klopfen und Stampfen schwingt. Es ist wie
Füße-Stampfen, Füße, die rhythmisch auf die Erde stampfen

wie Krieger, die im Kreis um das Feuer tanzen. Stelle sie dir ru-
hig einmal vor, deine Krieger, die deinen Rhythmus in die Erde
stampfen, die deinen Rhythmus tanzen. Lass dich ganz fallen
in dieses Stampfen und Klopfen, Schlagen und Pochen. Das ist
dein Lied, dein Tanz, dein Rhythmus.

Nun lausche noch tiefer. Kannst du es hören? Es erklingt
ein Ton, vielleicht viele Töne oder eine ganze Melodie. Das
kann hoch sein, tief, beides, oder vielleicht wechselt es auch.
Sieh, wie sich ein Regenbogenband mit deiner Klangfarbe vom
Himmel herabsenkt, bis in dein Herz hinein. Es webt sich in
den Rhythmus deines schlagenden Herzens ein. Spüre es, sieh
es, höre genau hin. Lausche dem Konzert, dem Lied, dem Tanz,
dem Chor deines Lebens, deiner Existenz, dessen, was du voll-
umfänglich bist. Alle diese Klänge, Farben und Töne hast du
dir in Äonen von Existenzen erworben. Von einem einzelnen
Ton (vielleicht ein helles „Ping"?), der du warst, als du ganz
frisch der Quelle entschlüpft bist, bist du heute zu einem Meer
von Klängen angewachsen. Berausche dich daran und erkenne
so erneut deine Existenz an. Du bist göttlich und würdig, hier
zu sein, geliebte Menschenseele. Kannst du es nun hören und
fühlen? Es tanzen und singen? Gib dich diesem Gefühl ganz hin.
Du hast jetzt die Zeit dafür.

Berauscht von diesen göttlichen Tönen sitzt ihr nun da
und blickt ins Feuer. Ist die Musik nicht ganz nah? Sie muss
weder bezahlt noch angehimmelt werden. Ihr seid die Musik. Geehrt und gesegnet seien die Seelen, die mit dem Mu-
sizieren ihr Auskommen gefunden haben. Sie haben sich in

der Neuen Zeit dazu entschlossen, uns allen das Göttliche näherzubringen, und ihr Weg soll auch von euch nach dieser Reise nicht gering geschätzt werden. Es soll in euch lediglich die Erkenntnis reifen, dass Musik ein Teil von uns allen ist. Ganz nah im Herzen.

Ich möchte euch noch gerne darauf einstimmen, dass es keine „richtige" oder „falsche" Musik zur Erhebung des Geistes und der Herzen gibt. Vielen von euch (vor allem den in diesem Leben spirituell Erfahrenen) hat man erklärt, dass bestimmte Klänge den Geist dunkel und das Herz schwer machen und das System für niedere Schwingungen öffnen. Lasst euch gesagt sein, dass dies nicht stimmt. Entscheidet weise und mit Bedacht, welche Musik euch zuträglich erscheint, welche Musik euch nährt. Viele von euch haben in ihrem persönlichen Klang Nuancen erspürt, die sie so nicht erwartet hätten. Mit welchen irdischen Klängen geht das in Resonanz? Welche Musik kommt dem nahe? Ist es vielleicht an der Zeit, etwas Neues zu probieren und sich dieser göttlichen Nahrung anzuvertrauen? Und in dem Zusammenhang auch den Abstand zwischen euch Menschenseelen zu verringern, indem ihr auch hier nicht mehr wertet, womit andere geehrte und gesegnete Seelen ihr musikalisches Herz befüllen? Auch wenn euer Klang mit dieser Form der musikalischen Ausdrucksweise nicht harmoniert, kann es durchaus sein, dass euer Gegenüber genau dort seine Nahrung, Kraft und Stärkung, Erdung und Frieden für seinen Weg findet, meint ihr nicht? Auch hier ist die Wertung eine menschliche Illusion. Und indem ihr die alten Dogmen ablegt, verringert ihr weiter den Abstand zu eurem göttlichen Miteinander.

Möchtet ihr tiefer eintauchen in dieses Miteinander? Bei all meinen Ausführungen ist vielen von euch schon der Gedanke gekommen: Es muss auch ein gemeinsames Lied der Menschheit geben. Oh ja, meine Freunde am Lagerfeuer, das gibt es. Es ist wunderschön, erblüht gerade zu neuer Vielfalt, und wir können es gemeinsam anstimmen. Es ist ganz leicht, und wenn ihr möchtet, könnt ihr es gleich einmal ausprobieren.

Lege dazu wieder eine Hand auf dein göttliches Herz. Versetze dich zurück in deinen Klang, vielleicht lässt du dazu noch einmal die Krieger zu deinem Herzschlag tanzen und das Himmelsband in deinen Herzensraum hinabsteigen. Lass dir einen Moment Zeit dafür.

Nun, da du wieder in deinem Lied angekommen bist und singst, schwingst, tanzt und lachst, wird es Zeit, die Türen in deinem Herzensraum zu öffnen. Vielleicht hast du bemerkt, dass von Anfang an GAIA in der Mitte des Ballsaals deines Herzens präsent war. Du spürst und hörst sie pulsieren. Auch sie hat ein Lied, und sie stimmt es nun gemeinsam mit der Menschheit an, denn indem du die Türen deines Herzensraums weit öffnest, strömen die Lieder der mit dir verbundenen Menschenseelen zu dir und über deren Herzen die Lieder der mit ihnen verbundenen Seelen, bis alle Seelenlieder der Menschen eins geworden sind. Sie alle klingen in deinem Herzensraum und vereinigen sich nun mit dem Lied GAIAs zu eurem Lied der Menschheit. Lass dich jetzt davon berauschen und davontragen. Löse dich ganz auf in Klang und Farbe. Genieße die Verbundenheit in göttlichen Klängen.

Diese Übung soll euch eins bewusst machen: Ihr seid alle eins. Ihr seid göttlich, indem ihr menschlich seid. Ihr seid auf ewig miteinander verbunden. Musik ist die Ausprägung eurer göttlichen Existenz, nichts Teuflisches oder Schlechtes. Geht in die Verbindung und fühlt und atmet Musik. So oft ihr möchtet. Probiert aus, ob sich das Lied der Menschheit verändert. Im Prozess der Schwingungsanhebung werdet ihr vielleicht feststellen, dass neue Klänge hinzukommen und Farben sich ändern und strahlender zum Vorschein kommen. Probiert es aus und erfreut euch an eurem gemeinsamen göttlichen Weg.

Greifen wir nun zur Trommel und beenden diese Runde am Lagerfeuer. Geben wir unserer Runde einen Rhythmus für die nächsten Schritte auf dem Weg des Lebens jeder einzelnen Existenz, die diesen Worten gelauscht hat.

Ich bin Geronimo, und ich tanze mit euch. Ich verbeuge mich vor euch großen Schamanen, die ihr seid. Jeder Einzelne von euch. Wahrhaftig.

Anmerkung der Autorin:

Als klar wurde, dass dieses Buch ein Kapitel zum Thema „Musik" enthalten würde, habe ich mich riesig gefreut. Musik war schon immer ein immens wichtiger Bestandteil meines Lebens, und als Musikerin war es für mich natürlich enorm spannend herauszufinden, wie es denn nun klingt, mein ganz persönliches Lied. Also ließ ich mich in diese Übung fallen – und was soll ich sagen: Ich habe schallend gelacht! Denn was ich nicht erwartet hatte, es kamen wunderbar verzerrte, elektrische Gitarren in meinem Lied vor. Und zwar einige.

Ich höre für mein Leben gern Heavy Metal (neben klassischer Musik und vielen anderen Stilrichtungen, die mich berühren und beeinflussen) und schlug mich lange mit dem von Geronimo beschriebenen Dogma herum, das wäre Musik, die „nicht gut" ist. Oft wurde mir gesagt, ich müsste aufpassen und diese Musik nur sehr dosiert konsumieren. Ganz tief in mir spürte ich jedoch, dass ich frei entscheiden konnte, welche Musik ich wann hören möchte, aber an der Oberfläche beschäftigte es mich und vor allem mein Ego enorm, dass etwas, das ich persönlich als absolut wohltuend empfinde, so grundsätzlich schlecht sein sollte. Welche Erleichterung, dass ich auch dieses Dogma fallenlassen kann.

Dass ich selbst nicht ohne Schubladendenken bin, habe ich über die Musiklektion auch wieder verinnerlichen dürfen. Ich konnte nämlich nie verstehen, wie man sich freiwillig mit Techno und allem, was dazugehört, beschallen lassen kann. Da war ich zugegebenermaßen nicht besonders offen und wertungsfrei. Aber dieses Dogma hat sich mittlerweile gelöst, und wenn jetzt an der Ampel neben mir ein Auto steht, das vor wummernden Bässen nur so vibriert, denke ich mit einem Schmunzeln: „Ach ja, da erdet sich einer."

Gaia spricht

Geliebte Erdenkinder, nun ist es an der Zeit, dass auch die Erdmutter zu euch spricht. Viel habt ihr nun schon gehört und gelesen, aufgenommen in eure Systeme, die auch die meinigen sind. Wir sind auf ewig miteinander verbunden, euer Aufstieg ist mein Aufstieg und umgekehrt. Wir haben die Schwelle überschritten, das Portal passiert und sind nun auf einer unaufhaltbaren Reise angelangt, die uns alle früher oder später nach Hause führen wird.

Ja, auch ich bin ein Bewusstsein, aus Schöpferkraft geformt, aus einem schöpferischen Gedanken geboren und dann geformt. Ich gehöre hierher, in diese Zeit, in diese besondere Qualität der Schwingung, habe genau diesen Weg mit euch gemeinsam beschlossen, den Anfang, den Verlauf und auch das potenzielle Ende, die Auflösung im Großen Ganzen, im Nirwana, im Alles-was-ist. Auch das wird geschehen, doch bis dahin ist noch viel Wasser die irdischen Flüsse hinuntergeflossen. Bis es so weit ist, seid ihr alten Seelen längst weitergezogen zu neuen Orten, Existenzformen, Schwingungsaspekten. So ist es, das Rad des Lebens, der ewigen Existenz, die keinen Anfang und kein Ende kennt.

Wenn ihr jetzt eure Hände auf euer Herz legt, könnt ihr, wenn ihr möchtet, meine Liebe und Kraft spüren, meine mütterliche Schwingung. Ich bin ein Aspekt der göttlichen Mutter, die schützend die Hand über euch hält. Auch ich bin mütterlich, sorge gut für meine „Kinder", sprich: für alles, was auf, in und mit mir verbunden existiert und lebt. Alles, was ein Bewusstsein hat. Dieses sind Steine, Pflanzen, Tiere, Luft, Wasser, aber auch Häuser, Straßen und Wege, also von euch irdischen Menschen geschaffene Dinge, die ich in mein mütterlich-nährendes Bewusstsein mit einbeziehe. Spürt diese Kraft, die unserer Verbindung entspringt. Macht euch bewusst, dass wir immer miteinander verwoben sind.

Die geübteren Seelen unter euch werden vielleicht bemerkt haben, dass diese Kraft, diese Verbindungsenergie zwischen euch Menschen und mir ihnen nicht unbekannt vorkommt. Ihr kennt dieses Gefühl, nicht wahr? Nun, so sei euch gesagt (einige wissen es bereits, doch wir nehmen Rücksicht auf die Heterogenität der Gruppe), dass diese GAIA-Kraft, die ihr spürt, ein immanent wichtiger Bestandteil eures Mensch-Seins ist. Ohne sie könntet ihr irdisch nicht existieren. Ihr spürt sie, wenn ihr spazieren geht. Ihr fühlt sie, wenn ihr euch mit irdischen Bestandteilen verbindet, zum Beispiel, wenn ihr euch auf einen Stein, einen Felsvorsprung oder einen Baumstamm setzt. Ihr merkt, wie sie fließt, wenn ihr die Natur betrachtet. Die alten „indigenen" Völker, wie ihr sie gerne nennt, hatten dieses Wissen stets präsent. Sie wussten, dass GAIA ihnen dient, und so zollten sie GAIA Respekt und dienten wiederum ihr. Alles in einem nie enden wollenden, wohlwollenden Kreislauf.

Dann kam das große „Downgrading", wie es hier schon einige Male beschrieben wurde. Ihr wolltet diesen Abstand zu eurer Göttlichkeit, zu eurer allumfassenden Existenz. Und so schafftet ihr euch auch Abstand zu eurer GAIA-Kraft und zu dem Wissen um unsere Verbindung. Entweder, indem ihr dieses Wissen negiertet, kirchlich-religiös geprägt und be-

legt, oder indem ihr es mit Angst belegtet, immer schreck-
lichere Opferrituale und -zeremonien hinaufbeschwörtet,
in der festen Überzeugung, GAIA wolle das so. Was natürlich nicht stimmte, aber so konntet ihr den Abstand gewinnen, der euch nötig erschien, um weiter zu lernen und so,
in einem vermeintlichen Rückschritt, wieder auf die Verbindung zuzugehen und erneut Kontakt aufzunehmen. Oder,
besser gesagt: ihn wieder wahrzunehmen, ihm einen Platz
in eurem Leben einzuräumen, denn wirklich abgebrochen
war er ja nie. Er lag nur verdeckt unter vielen Schichten im
„Winterschlaf".

Jetzt, zu dieser besonderen Zeitqualität, brechen diese
Decken, diese Schichten wieder auf, und ihr findet wieder,
was euch so lange fehlte. Viele von euch spüren, dass es ihnen die ganze Zeit fehlte, sie aber nicht so recht wussten,
wonach sie sich sehnten, nicht wahr? Es war nicht nur die
Erkenntnis um eure Göttlichkeit, die ihr wieder klar vor Augen haben wolltet, sondern auch die Labsal, der Balsam der
ewigen Verbindung mit Mutter Erde und so der göttlichen
Mutter, den ihr wieder spüren wolltet. Ihr sehntet euch nach
„Erdung". Ist es nicht spannend, dass ihr euch ausgerechnet
ein solches Wort wähltet für einen Bewusstseinszustand der
Ausgeglichenheit, der Bodenständigkeit, der Beständigkeit
und Stabilität? Nun, da sprach wohl die göttliche Weisheit
aus euch (Schmunzeln).

Ihr lieben Kinder, ich freue mich so für und mit euch,
dass wir diesen Weg nun gemeinsam beschreiten können.
Ihr wisst es selbst, es hätte nicht viel gefehlt, und dieser Ver-
such wäre fehlgeschlagen, und wir hätten in einer großen

Auflösung einen neuen Anfang gewagt und uns erneut auf die gleiche Reise gemacht. Doch nun, wo die Schwelle überschritten ist und alle Hebel umgelegt sind, ist es vollbracht. GAIA feiert euch dafür! Ihr bedientet euch – wohl wissend oder unterbewusst – dabei auch der Unterstützung eurer GAIA-Kraft, suchtet Kraftorte auf, begabt euch in der Natur in die Meditation, nahmt mit Tieren liebevollen Kontakt auf, klärtet Kriegsschauplätze, tränktet sie mit Vergebungsenergie und sorgtet so dafür, dass GAIAs Kristallgitter neu aufgeladen werden konnten. Aufgeladen mit so viel göttlicher Liebe und Weisheit, dass das Rad der Zeit angehalten und neu zum Laufen gebracht werden konnte.

Ihr könnt, wenn ihr euch das Bild eurer geliebten Erdmutter vor eurem inneren Auge hervorruft, sehen, dass zwei GAIAs ein wenig übereinander geschoben vor euch liegen. Das muss nicht jetzt sein, nehmt euch die Zeit dafür, die ihr braucht. Wisst nur, dass diese Wahrnehmung keine Fehlleitung eures Selbst, sondern sie wahrhaftig ist. Es gibt gerade zwei von mir. Eine „alte" Erde, die gerade an Kraft verliert, und eine „Neue Erde", die sich formt und in den schillerndsten Farben zu pulsieren beginnt. Wir sind im Übergang begriffen, und ihr könnt, wenn ihr wollt, diesen Prozess der Erdbildung beschleunigen, indem ihr weiter tut, was ihr tut, wenn ihr in der Natur seid, indem ihr weiter dort regelmäßig seid und spürt, eure GAIA-Kraft wahrnehmt, euch in Liebe mit mir verbindet und so noch mehr Liebe in die Kristallgitter gießt.

Ihr müsst dafür nicht einmal in die Natur gehen. Gemütliche Sofastunden eignen sich hervorragend, die Erdverbindung zu stärken. Ihr werdet am eigenen Leib spüren, wie heilsam und kraftbringend das für euch als Individualexistenz ist. Mutter Erde sorgt für euch, und so könnt ihr selbst Heilung erfahren und gleichzeitig den Aufstiegsprozess beschleunigen und stabilisieren. Ist das nicht toll? (Zwinkern) Möchtet ihr es jetzt einmal ausprobieren? Nun denn, so lege jeder eine Hand aufs Herz. Ihr kennt das ja zur Genüge, und spürt vermutlich direkt die Verbindung und die Kraft, die entstehen.

Schließe die Augen und rufe das Bild der Erde in dir hervor, so, wie wir es eben schon kurz beschrieben haben. Sieh sie dir an, diese Erdkugel. Ist sie nicht wunderschön? Nimm die Farben wahr, die Bewegung, die Rotation, in der sie sich befindet, wie die leuchtende Neue Erde sich mehr und mehr vor die „alte" GAIA schiebt und so immer mehr Licht und Farben zu diesem Erdball hinzufügt, den du siehst.

Nun spüre, wie sich dein Herz öffnet und mit diesem Planeten verbindet. Wir helfen dir jetzt dabei, dich zu öffnen und die Verbindung stabil zu halten. Sei also ganz entspannt und genieße dieses Gefühl. Das Kraftvoll-Erdige, das in dein Herz strömt und dich labt. Du musst ein wenig lachen, nicht wahr? Nun, dass ist dein Herz, das vor Freude hüpft. Dein Herz kennt diese Verbindung und freut sich, sie wieder kraftvoll leben zu können.

Spüre diese GAIA-Kraft, die zu dir strömt, und nimm im gleichen Augenblick wahr, wie du in Resonanz gehst, wie dein Bewusstsein, dein ICH BIN auf diesen Kraftstrom antwortet, mit deiner GAIA-Kraft, die dir bereits innewohnt. Genieße dieses energetische Frage- und Antwortspiel, lass dich ganz fallen und gehe auf in deinem vollumfänglichen Sein als göttliches Wesen mit Sternenkern und Erdfarben. Genieße und sei. Erfahre die Labung, nach der du dich so lange gesehnt hast. Du hast jetzt die Zeit dafür.

Ihr lieben Erdenkinder, habt ihr die Liebe GAIAs gespürt? Ganz eng sind wir nun zusammengerückt, nicht wahr? Ein wundervolles, erhebendes Gefühl. Genau das ist es, was soeben geschehen ist: Ihr habt die Schwingung noch ein wenig weiter angehoben und so gerade wieder einen Meilenstein im Aufstiegsprozess von GAIA und der Menschheit gesetzt. „So einfach soll das sein?", fragen jetzt einige von euch, und GAIA muss ein wenig schmunzeln. Sollte es denn schwerer sein, wo es doch bedingungslose Mutterliebe ist, die dem allen hier zugrunde liegt? Ihr seid meine Erdenkinder, und ich achte auf euch, ich versorge euch, ich passe auf euch auf. Die Schöpfergötter, die mich einst erdacht haben, wandeln auf mir und erfahren sich selbst in ihrem göttlichen Konstrukt.

Welches Gefühl sollte hier vorherrschen, welche Kraft sollte hier wirken, wenn nicht bedingungslose Mutterliebe? Die göttliche Mutter und ich, GAIA, wir haben mit Bedacht einen fürsorgenden, nährenden Teppich unter euren Existenzen ausgebreitet, damit ihr nicht stolpert. Ihr seid geführt, genährt und geleitet. Es gibt keine Natur, die „zurückschlägt". Ganz im Gegenteil. Diese Natur sorgt für euch, dient euch, steht euch mit Rat und Tat, altem Wissen, Annahme all eurer Probleme und Umschwünge jederzeit zur Verfügung. Nutzt das. Ihr wisst, wie das geht. Jeder ganz individuell für sich. Nehmt an, was euch zusteht, was euer Geburtsrecht ist. Lasst euch nähren und umsorgen von Mutter Erde.

Meine lieben Kinder, liebe irdisch Existierende, ich bin gespannt und voller Vorfreude auf das, was jetzt geschieht. Jeder Stein auf GAIA jubelt über den Prozess, den wir gemeinsam begonnen haben. Dieses Kompendium soll euch Hilfe sein und Kraft geben. Lasst nicht nach. Mutter Erde trägt jeden eurer Schritte. Lauft leichtfüßig im Bewusstsein der Verbindung, die wir alle haben, im Bewusstsein der Gottheit, die ihr seid. Jede einzelne Seele von euch. Ja, auch du zweifelndes Kind. Auch du. GAIA segnet dich von Herzen. Wir bleiben in Verbindung. Ich erwarte eure Ankunft bei mir. Es wird bald geschehen. Die endgültige Verankerung eurer Erkenntnis der Göttlichkeit in den Kristallgittern. Dann seid ihr wahrlich auf der Neuen Erde angekommen. Wir feiern diesen Tag schon jetzt. Die Liebe der göttlichen Mutter sei mit euch, geliebte Menschenkinder.

GAIA verabschiedet sich für jetzt von euch und wünscht euch gutes Gelingen. Wir sehen es bereits. Jetzt.

Anmerkung der Autorin:

Manchmal ist es einfach schön, sich in Mamas Arme fallenzulassen und wieder zu spüren, dass alles gut ist, nicht wahr? Wir leisten hier in unserer irdischen Inkarnation wirklich harte Arbeit, und ich persönlich genieße es sehr, in der GAIA-Verbindung Kraft zu schöpfen, mich ausruhen und anlehnen zu dürfen. Ich spüre ganz deutlich, wie ich in dieser „trauten Zweisamkeit" wieder zur Ruhe komme und regelrecht genährt werde. Satt und zufrieden kann ich dann weitermachen – immer in dem Bewusstsein, dass da diese ausgebreiteten Arme sind, die nur darauf warten, mich wieder aufzufangen, wenn ich es brauche.

Mein tiefer Wunsch ist es, dass wir alle noch viel mehr von der liebevollen Unterstützung annehmen, die für uns bereit steht. Der Anfang ist gemacht, und ich wünsche mir sehr, dass auch dieses Buch dazu beträgt, den Weg ein klein wenig zu ebnen und den Blick freier und weiter zu machen. Wir sind auf dem Weg nach Hause – und ich finde, wir sollten jeden Schritt genießen.

Der Anfang (Hoher Rat von Sirius)

Es spricht der HOHE RAT VON SIRIUS. Vieles habt ihr schon verstanden und begriffen beim Durcharbeiten dieses Kompendiums, und nun ist es an uns, es zum Abschluss zu bringen. Oder vielmehr, einen Ausblick zu wagen, wie es weitergeht, denn euer gemeinsamer Weg als Arbeitsgruppe ist hier in keinem Fall zu Ende. Im Gegenteil: Er hat gerade erst begonnen.

In eurer Verbindung als Seelengruppe, ob euch das nun bewusst war oder nicht, seid ihr als Feld zusammengewachsen, so, wie ihr es vor langer Zeit bereits beschlossen habt. Es ist nicht so, dass ihr dieses Buch lediglich für euch gelesen und die eine oder andere Übung daraus absolviert habt. Ihr habt das für viele getan. Und ihr habt es getan, um als Arbeitsgruppe enger zusammenzurücken. Wir sehen, wer dies liest und diese Informationen aufnimmt. Ihr müsst nicht jede Menschenseele persönlich kennen, die diese Zeilen liest. Spürt in euch hinein, und ihr werdet die göttliche Wahrheit dessen spüren, was jetzt real ist: Ihr seid als Gruppe verbunden. Ihr seid als Impulsgeber hierhergekommen, um von nun an weiterzugeben, was ihr gelernt und begriffen habt. Um zu leben, was eurem göttlichen Sein entspricht.

Schon immer haben sich solche Gruppenseelen (oder auch Seelengruppen) aufgemacht, um besondere Energiepotenziale zu verstärken und zu stabilisieren, damit das Licht eines Tages siegen möge. Nun ist es wieder so weit. Ihr alle hier, die ihr unseren Worten lauscht, seid vor langer Zeit im Tempel des Sirius zusammengekommen und habt beschlossen, zu tun, was nun getan werden muss. Zu leben, was nun eurer Existenz als Abspaltung der Quelle entspricht. Die Gruppe wird wachsen. Von Inkarnation zu Inkarnation werden mehr Einzelseelen hinzukommen und dieses Gruppenbewusstsein formen, das irdisch und zugleich nicht-planetar ist. Ihr seid der Anfang und das Ende, der erste und der letzte Schritt. Ihr seid dieses Gruppenbewusstsein – JETZT. Spürt die göttliche Wahrheit, fühlt in euer Herz hinein, wie ihr es schon so oft getan habt, und werdet euch der Tragweite bewusst. Ihr seid nicht länger Einzelkämpfer auf eurem Inkarnationsweg hin zum Licht. Ihr seid nun als Gruppenwesenheit verbunden und bündelt so eure göttliche Weisheit zu einer Kraft, die Äonen überdauern und Licht noch in die dunkelsten Winkel dieses Universums senden wird.

Wir sagen euch das in aller Deutlichkeit: Das Licht hat bereits gewonnen. Lasst alle Zweifel fallen. Wir können schon sehen, was eurer eingeschränkten Sicht vorenthalten ist. Wir sehen den Aufstieg, den Wandel, die Existenz der Neuen Zeit, das Ende des barbarischen Zeitalters. Es ist bereits real. Also bereitet euch vor auf neue lichtvolle Aufgaben. Lebt dieses Menschenleben immer mehr aus dem göttlichen Bewusstsein heraus, wer oder was ihr (noch) alles seid. Ihr seid viel mehr als das. Noch viel mehr, als ihr jetzt bereits begreifen und durchdringen könnt. Ihr seid Schöpfergötter und habt nun die Chance, aus der Fülle eurer Möglichkeiten zu schöpfen und zu erschaffen.

Der Schreiber eurer Gruppe (unsere Partnerin, die unsere Worte gerade zu Papier bringt) wird noch weitere Kompendien verfassen, immer dann, wenn die Zeit reif ist für den nächsten Entwicklungsschub. Es wird immer zur richtigen Zeit am richtigen Ort geschehen. Und für die Seelen, die diese Abhandlung in Händen halten, nachdem bereits weitere Bücher das Licht der Welt erblickt haben: Auch ihr erfahrt und lest diese Zeilen zur richtigen Zeit am richtigen Ort. Um nachzuvollziehen, wie es war in der Zeit des großen Wandels. Um ein paar kleine „Hausaufgaben" nachzuholen und euer persönliches Puzzle zu vervollständigen. Oder ganz simpel für ein historisches Verständnis dessen, was war, bevor ihr mit eurem erweiterten göttlichen Bewusstsein in dieses irdisches Leben eingetreten seid. Ihr lest dies nicht aus Zufall, und ihr werdet wissen und fühlen, dass es die Wahrheit ist.

So seid euch bewusst, ihr Pionierseelen und die, die euch nachfolgen, dass ihr alle im JETZT verbunden seid. Zeit und Raum sind Illusion. Sie existieren nicht. Spürt das. Und spürt so die Präsenz eurer Gruppe. Nehmt diese Kraft, diese Stärkung durch euer Gemeinschaftsgefühl in euch auf. Versteht noch einmal bewusst, dass ihr nie allein seid. Euer Sein hat einen Sinn. Jede eurer Handlungen erfüllt einen tieferen Zweck, dient einem höheren Wohl. Verschließt euch dem nicht länger. Nehmt die euch hier angebotenen Werkzeuge regelmäßig zur Hand, bis alles, was darin enthalten ist, euch zur Natur geworden ist. Werdet eins mit den Erkenntnissen, die ihr hier bereits erlangt habt und noch erlangen werdet. So hebt ihr die Welt aus den Angeln.

Es wird weitere Bücher geben. Ein nächstes folgt bald. In dieser Welt, zu dieser Zeit(-qualität) vollzieht sich der Wandel sehr schnell. Also gebt ins Feld, wenn ihr mehr verstehen, fühlen, ausprobieren, wachsen und transformieren wollt. Wir als Gruppe, Menschen in Verbindung mit dem Hohen Rat von Sirius, werden gemeinsam festlegen, wann das nächste Kompendium entsteht. Euer Schreiber wird es niederschreiben. Und so werdet ihr wieder verstehen, dass es göttlich und real ist, was hier geschieht. Wahrhaftigkeit. Lebt sie. Erfahrt sie. Kommt bald zurück.

Wir neigen unsere Häupter vor so viel Weisheit, Güte und Mitgefühl. Unser Segen sei mit euch und erfülle unser aller Herz. In Frieden.

Amen. Amen. Amen.

Über die Autorin

Hannah Knies steht für barrierefreie Spiritualität.
Sie wurde im Januar 1980 geboren und lebt mit ihrem Mann in Bonn.
Einem erfolgreich abgebrochenem Studium (Anglistik/Amerikanistik, Psychologie und Interkulturelle Wirtschaftskommunikation) folgten mehr als zehn Jahre Berufstätigkeit in den verschiedensten Bereichen (Check-In-Agentin bei einer großen Fluggesellschaft, Marketing für Chemikalienschutzbekleidung bei einem international tätigen Konzern, Verwaltungsbeamtin). Im Januar 2013 kam der Schritt in die Selbstständigkeit als Praktizierende für Reconnective Healing© und The Reconnection©.

Bis dahin eine gestandene Skeptikerin und spirituell völlig unbedarft, durfte sie in ihrer Arbeit erfahren, dass Dinge, die außerhalb unserer Vorstellungskraft liegen, ganz normal und natürlicher Bestandteil unserer Realität sind. Mittlerweile gilt ihre Arbeit hauptsächlich dem Kontakt mit der Geistigen Welt in all ihren spannenden Facetten.

In einfachen Worten und mit Formulierungen aus dem Alltag gibt sie Einblicke in das weite Feld der Persönlichkeits- und Bewusstseinsarbeit und den Kontakt zu unserer Familie „da oben".

In Einzelsitzungen und Seminaren kann jeder selbst lernen, den Kontakt zu den geistigen Freunden ganz bewusst zu nutzen, um das Leben leichter und glücklicher zu leben. Weitere Informationen zu ihrer Arbeit und Veranstaltungstermine gibt es auf

www.schluesselzurbalance.de

Meditations-CD "METATRON - Himmlischer Frieden" (Spieldauer ca. 44 Minuten)

Wie eine kuschelige Decke zum Einmuckeln. Oder ein heißer Kakao. Oder ein Kopfstreicheln. Oder ein liebevolles „Alles ist gut.". Zum Einschlafen, zum Durchatmen, zum Ankommen, zum Guttun, zum Abschalten, zum Wachwerden. Für den Abend, den Morgen und einfach zwischendurch. Spüre den himmlischen Frieden in dir. METATRON schenkt dir eine Auszeit. Du musst nichts tun. Mach es dir gemütlich und genieße!

Preis: 15,95 EUR, zzgl. Porto + Versand (in Deutschland 2,50 EUR, Österreich/Schweiz 4,50 EUR)
Bezug (da Eigenvertrieb) ausschließlich direkt über die Praxis:
- per Mail an cd@schluesselzurbalance.de
- über das Kontaktformular auf der Internetseite www.schluesselzurbalance.de (Betreff: "CD")
- per Nachricht an die Schlüssel zur Balance by Hannah Knies-Facebookseite

Innerhalb eines Tages Bestell- und Auftragsbestätigung per Mail. Bitte E-Mail-Adresse angeben! Lieferzeit: I.d.R. 2 bis 5 Tage.

Silke Wagner
Der Channel-Führerschein
Channeln lernen leicht gemacht
152 Seiten, A5, broschiert
ISBN 978-3-95531-127-8

Channeln kann jeder! Mit praktischen Übungen sowie Tipps und Tricks aus dem Nähkästchen.

1000-mal meditiert, 1000-mal ist nichts passiert? Jeder ist früher oder später an dem Punkt, an dem er sich seiner eigenen Medialität bewusst wird. Aber wie trainiert man diese? Was tun, wenn einen die Meditation nicht weiterbringt?
Die Autorin verrät hier praktische Übungen, die sie mit ihren zahlreichen Schülern in etlichen Seminaren erprobt hat, und gibt dazu Tipps und Tricks für eine einfache Anwendung.
Dieses Buch hebt sich wohltuend von anderen Channel-Büchern ab, da kein Geheimnis mehr um die Praxis gemacht wird. Jeder, der schon auf der Suche nach Übungen zu diesem Thema war, weiß, wie wenig man tatsächlich darüber findet.
Nicht nur interessant für Anfänger, sondern auch für Übungsgruppen und Seminarleiter.

Heike Saviera Wagner
Die Integration der 12 Herzensqualitäten
von 2015 bis 2026
328 Seiten, A5, gebunden, vierfarbig, mit Leseband
ISBN: 978-3-95531-124-7

Neue Herzensenergien von den Engeln und Meister/Innen der 12 göttlichen Strahlen. Mit Leichtigkeit zu integrieren und anzuwenden.

Was macht einen erwachten Menschen aus?
Die 12 Herzensqualitäten enthalten das volle Potenzial des spirituellen Bewusstseinsprozesses der Menschheit in den Jahren 2015 bis 2026. Jedes Jahr trägt eine andere, ganz eigene Herzensqualität in sich, und die Engel und Meister/innen der 12 göttlichen Strahlen zeigen dir, wie du sie mit Leichtigkeit und Freude integrieren und die Energien nutzen kannst. Weiterhin trägt auch jeder Monat seine ganz eigene Energie in sich, die dir helfen wird, dein Leben – im wahrsten Sinne des Wortes – zu MEIS-TERN. Die Energien der Jahre und auch der einzelnen Monate schwingen durchaus schon vor und nach der jeweiligen Qualität.
Ein Wegweiser für deinen ganz persönlichen Weg zurück nach Hause – zur Quelle.

Ingeburg Maria Schmitz
Amadeii – Bewusstseinsentwicklung in der Neuen Zeit
Durchsagen, Übungen, Meditationen
224 Seiten, A5, broschiert
ISBN 978-3-95531-123-0

Mit wichtigen Durchsagen zu den Themen Sterbehilfe, Organtransplantation und Heilmethoden und ihre Anwendung in der Zukunft.

Amadeii, Erzengel der Neuen Zeit, hilft uns, fremdbestimmende Energien zu erkennen und aufzulösen und nimmt Stellung zum energetischen Aufbau unseres Universums und seinen Einfluss auf unser Denken und Handeln in der heutigen Zeit sowie in der Zukunft.
Er erklärt verständlich die Energieanpassung und Krankheitssymptome in der neuen Dimension sowie Heilmethoden der Zukunft und ihre Umsetzung.
Zum ersten Mal nimmt die Geistige Welt Stellung zu den Themen Sterbehilfe Organtransplantation und die Fremdbeeinflussung durch das gespendete Organ beim Spender und beim Empfänger.

Sarinah Aurelia
Seelenverträge Band 10
Hand in Hand mit deinem Engel
344 Seiten, A5, broschiert
ISBN 978-3-95531-122-3

Die Erfolgsserie geht weiter...
Dein Engel wartet auf dich - Ein Traum wird Wirklichkeit

Seelenverträge Band 10 führt die Leserinnen und Leser in die Emotion, kommuniziert mit ihrer Seele und berührt ihr Herz.

Es ist, als wenn dieses Buch lebendig wäre, weil du es während des Lesens zum Leben erweckst. Manchmal flüstert es sanft und zärtlich mit dir, dann wieder ist es das Wiegen der Liebe, das dich liebevoll in den Arm nimmt, um deine Tränen zu trocknen.

Sobald du anfängst zu lesen, begleitet dich dein lebendig gewordener Engel. Du hast diesen Engel zum Leben erweckt, du darfst ihm auch einen Namen geben. Wenn du magst, dann nimmt dich dein Engel an die Hand und begleitet dich so lange, wie du es möchtest.

Sabine Skala
Sterben und Werden
Erkenntnisse Verstorbener in den ersten
sechs Wochen nach dem Tod
104 Seiten, A5, broschiert
ISBN 983-3-95531-126-1

Was geschieht mit uns nach dem Tod?
Wie können wir mit Verstorbenen kommunizieren?
Wie können wir ihre Zeichen wahrnehmen und deuten?

Was geschieht mit uns nach dem irdischen Tod? Das ist wohl DIE Frage, die uns in unserem Dasein am meisten beschäftigt.

Oft geschehen seltsame Dinge vor und nach dem Tod, die sich die Hinterbliebenen nicht erklären können. Die Autorin, die mit den Seelen Verstorbener kommunizieren und bereits während des Sterbeprozesses Bilder und Informationen von ihnen empfangen kann, beschreibt einige davon und erklärt diese Phänomene. Viele Verstorbene haben Kontakt mit ihr aufgenommen, um Botschaften für die Hinterbliebenen und ihre Erfahrungen auf dem Weg ins Licht zu überbringen.

Sabine Skala: *„Mein Anliegen ist es, allen Hinterbliebenen mit meinen Erkenntnissen Trost zu spenden in der schweren Zeit der Trauer.“*